U0139183

簡博賢著

文史哲學集成

魏晉四家易研究

文史哲出版社印行

魏晉四家易研究 / 簡博賢著. -- 初版 -- 臺北
市：文史哲, 民 75.01
頁; 21 公分（文史哲學集成；136）
ISBN 978-957-547-342-6（平裝）

文史哲學集成 136

魏晉四家易研究

著　者：簡博賢
出版者：文史哲出版社
http:// www.lapen.com.tw
e-mail：lapen@ms74.hinet.net
登記證字號：行政院新聞局版臺業字五三三七號
發行人：彭正雄
發行所：文史哲出版社
印刷者：文史哲出版社
臺北市羅斯福路一段七十二巷四號
郵政劃撥帳號：一六一八〇一七五
電話 886-2-23511028・傳真 886-2-23965656

實價新臺幣三〇〇元

一九八六年（民七十五）元月初版

ISBN 978-957-547-342-6　00136

自序

象數易學，肇始孟、京；然皆藉以鳴其術數之學，非爲易設也。鄭玄、荀爽諸儒，承衍其說，時有發明；特疏略而不具，所以待魏晉易家而顯擅其成也。

夫象數易學，旨在推象通辭；而論者病之，是未究其說也。蓋推象通辭者，所以驗易辭之義，實卦所本有者；以明此卦之必有此辭，而此辭之義必蘊於此卦；因以證成卦與卦辭之必然綰合，而卦辭之所陳，遂爲一理義自明而無須經驗證明者。其說立而易道定，蓋實研易之本也。故凡自六畫變易之際，以探象求辭於卦爻之中，而證易辭實卦所蘊有者；是皆象數本宗，推易之正法也。其虞氏諸所闡發者是也，而蜀才氏與有焉。若夫推本卦爻而雜配外物，以比附取義者；則皆象數旁支，無當易旨也。若干氏寶之納支應情、世卦起月是也。象數推易之道，大別言之，有此二類。辨其源流，則知學之醇駁；未可一例疵之也。

虞氏易說，創見穎敏，諸多發明。然佚文殘闕，微義湮闇，所以時見疵議，是不能無辨也。蓋其說易，慧識孤詣，是以解人難得。昔焦氏循嘗譏其半象之說，以爲漫無準據。不知易有半象，特虞說之一端耳。本文發覆虞義，揭其「象不見例」，以發明半象之說。二例一貫，微旨以顯；乃見半象之有所由而有所據也。後人謂「乾之半亦巽兌之半，坤之半亦艮震之半」，以譏毀虞氏者，是不知半象也。若夫旁通、兩象易諸例，要皆理一分殊，同源而異趣。顧論者疵之。然細繹經文，易辭相受，鑿然可尋；此旁通之不可廢也。若兩象移易，固明著繫辭；稽源知變，可窺易變之奧衍；未可偏廢也。厥之正一例，務闡易道體仁之旨；而權變之說，則所以發隨時之義；皆虞氏易之發明也。本文爲疏通證明，予奪以理；亦所以探易變之源，而明易道之妙蘊也。

自京房創說爻變，而卦變之例興。洎乎虞氏，承衍其說，爰推六十四卦消息升降，以爲十二消息卦皆出於乾坤，而諸卦則出於消息卦也。因造爲二陽四陰之卦，來自臨、觀例；二陰四陽之卦，來自遯、大壯例；三陰三陽之卦，來自泰、否例。以爲推象通辭所以可行之底據。然雖密實疏，間見闕略；所以待蜀才之補苴也。昔胡秉虔嘗考諸儒卦變之說，而獨取蜀才之義，以實師、同人二卦；則蜀才於易，所得亦夥矣。夫漢魏象數易家，首推荀（爽）、虞（翻）。然兩家卦變，同源而異趣；是以顯尚殊途，各擅一法。厥一爻動而上下移易者，虞氏說也；陽升陰降而兼用兩爻者，荀氏義也。二說判若鴻溝，所以異例滋繁。蜀才既爲一陰一陽補例，復整合荀、虞兩家之卦變；參升降之義（荀氏），爲卦本之說（虞氏）。攄思之妙，見調合之巧矣。

夫象數易家，同宗卦變。蓋卦者象也。有之卦則有之象，故象隨卦易；所以爲推象通辭之本據也。史稱干寶好陰陽術數，留思京房之學。因衍變其說，創爲爻本云云；以爲乾坤諸爻，爻本卦來。是乾坤反生於他卦，是亦似是而非矣。考漢書翼奉傳載奉上封事云：「知下之術，在於六情十二律而已。」

因取辰應情，以爲知下之務。蓋術數家言，實乖易道也。干氏因刑德生旺，而牽引入易；所謂納支應情是也。夫翼奉巧於造說，而干氏妙於比附。易道毀墜，其來有自矣。若夫世卦應月，是則八宮卦變之衍用；所以占驗災異，非以明易也。干氏襲衍象數之學，而不明通辭之理；愈自遠易矣。

易自孟、京以降，說者紛紜，莫衷一是；而象數、義理，判若鴻溝焉。後儒坦分左右，此起彼抑；是未探其源也。蓋易之本質爲義理，易之表現爲象數；是理數一貫矣。昔人擧而分之，所以爲謬也。故以象數說者，得其所據；以義理說者，得其所本；未可偏廢也。王弼以義理說易，發覆易道奧蘊；是其特識也。然擯退象數；是猶棄規矩而求其方圓也。蓋象數所以明理，理明而卦顯；取用不同，趣尚自異耳。

王弼辭才逸辨，好論儒道；以無入有，而易老同宗矣。蓋以體無之思，妙悟大易之蘊；故其說易，多見老氏思致。蓋無之用，貴於用無；弼實一以貫之矣。爰夫易老之說，義有可以通者，物極則反是也。有必不可通者，有無異疇是也。象數之學，有可以掃者，術占之知來是也。有必不可掃者，推易之證卦是也。王弼注易，資無規有，是通其不可通者也；斥數掃象，是掃其不可掃者也（案王弼實不知象數有占說災異及證驗辭卦一體之二支，故擧而掃之，是並其不可掃者而掃之矣）。蓋直發胸臆，以意之所在爲易；故雖辭才逸辨，麗辭溢目；不足以袪後人之惑也。然云「義苟在健，何必馬乎？類苟在順，何必牛乎？爻苟合順，何必坤乃爲牛？義苟應乾，何必乾乃爲馬？而或者定馬於乾，案文責卦，有馬無乾。」是有見於象者也。

夫魏晉易學之作，今有傳本者，唯王弼周易注（含韓康伯繫辭注）及略例耳；餘皆亡佚不傳。余嘗考諸家佚義，凡得十有八家。若虞翻之推象通辭，是象數易之本宗也；而干寶之陰陽術數，則象數易之旁支也。雖然，固皆集象數易之大成也。蜀才因創虞說，述補並具，亦可覘流變也。洎自王弼掃象，而易雜玄趣；經籍之道於是一變矣。然其破除象障之說；闢斥占數之謬，洵皆推覆一世之論；其識固有愈於漢儒矣。爰取四家易義，纂集成帙，顏曰魏晉四家易研究；而附錄「何晏及其周易解」者，以見漢易之變，其自王弼者；晏實有以導之耳。

本書之付梓，承仁棣陳廖安代為洽詢，並為校對全文。鏤版既竟，爰述其旨要，並致謝忱焉。

簡博賢 七十四年十一月
序于困思齋

魏晉四家易研究 目次

壹、虞翻易學研究

一、緒　論

(一)象數辨略

聖人覺世牖民，其道曰經。經者，不刊之鴻教也。爰自嬴秦肆虐，而六籍罹厄；易獨以卜筮之名，傳授不替。夫自商瞿傳易，六世而至田何（案史記仲尼弟子列傳、漢書儒林列傳並詳六世之傳。然史漢所載，不特里居名號不一，而傳授序次亦見互異。錢賓四先生嘗發六疑，辨商瞿傳易之不可信，具見先秦諸子繫年考辨卷一）。漢興，言易者皆祖田何。晁公武郡齋讀書志云：「漢之易家，蓋自田何始；何而上未嘗有書。」（卷一）自茲以降，章句、傳說，紛陳雜出；然訓詁第舉大誼而已，固未嘗有象數之說也。兩漢象數易學，其源蓋本於孟喜。喜從田王孫受易，得易家候陰陽災變書；遂改易師法，而易雜象數之學矣。新唐書曆志載僧一行卦議曰：「十二月卦出於孟氏章句。其說易本於氣，而後以人事明之。」（卷二十七上）易學之傳，於是一變。漢魏諸儒，承衍其說；並推數立象，據象比義；故曰象數之學。然說者或譏象數並舉，爲末學之陋。

張惠言序丁小疋鄭氏易注後定云：

易者象也。易而無象，是失其所以爲易。數者所以筮也。聖人倚數作易，而卦爻之數無與焉。漢師之學，謂之言象可；謂之言數不可。象數並擧者，末學之陋也。（茗柯文集）

惠言崇象黜數，故擧象數而分之。不知漢魏儒言易，皆倚數推象，正象數並擧也。蓋捨數則無以明象；明象之功，實倚數之效；互體、卦變之等，其著例也。旣云倚數作易，又退斥卦爻之數；是執筮數龜象之說，準圖書而目數也。夫圖自爲圖，易自爲易。是以用數異趨，而陳義殊尙；然其爲數則一也。大衍之數、天地自然之數，固皆明著於篇；特卦爻之數，顧日用之而弗名耶？

王船山思問錄曰：

唯易兼十數而參差用之。太極，一也。奇耦，二也。三畫而小成，三也。揲之以四，四也。大衍之數五十，五也。六位，六也。其用四十九，七也。八卦，八也。乾坤之策三百六十，九也。十雖不用，而一即十也。不倚于一數而無不用，斯以範圍天地而無不過。太玄用三，皇極經世用四，潛虛用五，洪範皇極用九；固不可謂三四五九非天地之數。（外篇）

易兼十數而參差用之，是倚數而作易也。取用不同，所成自異。故太玄用三，潛虛用五；而漢魏儒推卦爻之數，以成互、變之說；固皆易數之一端也。必執此律彼，則劉牧圖書之數，康節先天之學，亦非數矣。劉申叔嘗論漢宋象數之異同云：「漢儒之學，多舍理言數；宋儒之學，則理數並崇。」（遺書第一册漢宋象數學異同論）蓋亦有見於漢魏儒之倚數立象，故爲此論。惠言讖象數並擧，爲末學之陋者，恐非定評。

夫兩漢象數之學，自孟喜以降，纖細入微，思致彌巧。若焦京之變占、納甲（案焦京術數之學，長於災變；其學皆託之孟喜）；鄭荀之爻辰、升降（案鄭荀皆受費直易。費氏之學，班史未言所出，後儒遂謂費氏無師傳。清儒蔣湘南歷擧衆驗，以證費氏源於京房；生當平帝之世。具見文集費氏易家法考。宋翔鳳嘗取班史所載孟京費氏諸文，比勘疏證，以明費易本於孟京；而易孟氏亦古文也。見過庭錄卷一），莫非象數之學也。洎夫三分鼎立，言象數者，並守孟、京；虞翻、陸績、姚信、蜀才、董遇、干寶之等，皆孟、京之流裔。特踵事增華，遠軼所本；後出轉精，有愈儒先耳。象數之學，臻此而極盛矣。

㈡虞氏易之特色

然孟、京以術數鳴，而鄭、荀諸家，則疏略而不具。虞氏顓擅其業。擧凡諸家易說，莫非所本；而莫能爲囿。所以集其大成也。語其特色，厥有二端：

1.左傳僖公十五年載韓簡之言曰：「龜，象也；筮，數也。物生而後有象，象而後有滋，滋而後有數。」蓋謂先象後數，而數由象生；此相傳之古義也。虞氏諸儒一反其說，而推卦爻之數以求象，是象由數出，而先數後象；故數變而象易。乾二五之坤成坎，而牛變爲豕；坎二至四互震爲龍，三至五震往艮來，而龍變爲狗；所謂推卦爻之數以求象，故數變而象易也，易繫辭上傳云：「極其數，遂定天下之象。」是其義也。今考虞氏易說，若半象、若旁通，與夫互體、卦變，莫非植基斯義而成其易例；所以集象數易家之大成也。繫辭傳云：「八卦成列，象在其中矣。」是象寓於卦中也。卦由爻成，其數則初二三四五上；爻位異陳，而卦有異象矣。說卦傳云：「觀變於陰陽而立卦。」陰陽者，九六之數也，九六數變而卦立，是數以定象；象由數出也。西儒畢達哥拉斯氏嘗謂數爲萬象之源，蓋數有奇耦；奇耦離合，殊象滋生（請參閱西儒梯利哲學史第一編第一篇第四章）；猶是推數成象之義，與漢魏儒之說，實深契合矣。

2. 卦有卦辭，辭以說卦；若「亨，利用獄」，所以論謂䷔(噬嗑)之卦也。是「亨，利用獄」爲能謂，而䷔(噬嗑)爲所謂。「能」「所」間之結合，或爲必然（如分析命題之謂詞，其義爲主詞所含；故其關係爲必然之聯結）；或爲偶然（如綜合命題之謂詞，其義不爲主詞所有；故其關係爲偶然之聯結）。必然者，其義必眞；偶然者，其義偶然眞也。聖人畫卦繫辭，彝訓遂定。然卦，畫而已，有爻無字；是無由窺測卦、辭之合爲必然之理；則其畫卦繫辭，而彝訓垂教者，亦不必信守而弗渝矣（未能明其必然，則是偶然也；偶然者，是非未定耳）。易道存廢，厥在必、偶之間耳。虞氏諸儒，推數援象，以驗易辭之義實卦所本有者；正所以推證「能」「所」之必然關係，以明此卦之必有此辭，而此辭之義爲必然之眞也（即推證卦辭之義，含於卦畫之中；則卦與辭成一分析命題，故其義爲必然眞。）其說立而易道定矣。虞氏說易，廣設義例，務闡此義；所以論證卦、辭之一體，蓋實研易之本也。故其說既違孟、京，復異王、韓。蓋孟、京之學，特假易以鳴其占驗之術；而王、韓之說，但據辭中義以成其義理之學。各擅所造，故殊尚而異趨也。

上述二端，要其指歸，義實相引。蓋循推數明象之途，藉究卦體之所蘊；以明卦辭所陳，厥有所本；有功易道，洵非過譽也。王巽卿大易輯說曰：「聖人所繫卦辭、爻辭，无一字不在六畫上取來。」（卷三）實深推象通辭之學，洵爲虞氏隔世知音；特不能發覆精義爲憾耳。自王弼掃象數、譏互體，而義理之說興。後儒坦分左右，或譏象數之塗附支離；或薄義理之鑿空無據；要皆不知二家之學，重尚分殊，未可一例並論，而徒爲甲乙也。朱熹語錄云：「易之爲象，其取之有所從；其推之有所用，非苟爲寓言也。然兩漢諸儒，必欲究其所從；則既滯泥而不通。王弼以來，直欲推其所用；則又疎略而無據。二者皆失之一偏，而不能闕其所疑之過也。」（易綱領）雖似持平之論，實亦不知象數之所以爲象數也。

二、虞翻傳略及其著作

漢魏象數易學之特色，略如上陳。然孟、京以術數鳴，而鄭、荀又疏略不具；至吳虞翻纘述前世之業，囊括群言，而其道大備。翻初立易注，奏上曰：「潁川荀諝號爲知易，臣得其注，有愈俗儒；至所說西南得朋，東北喪朋，顚倒反逆，了不可知。又南郡太守馬融，名有俊才，其所解釋，復不及謂。若乃北海鄭玄、南陽宋衷，雖各立注，而皆未得其門，難以示世。」（約舉三國志卷五十七虞翻傳注引翻別傳文）蓋讀易者，解之率少；宜其卑薄諸家，而退同俗儒矣。述周易注。

周易注　吳虞翻撰。翻字仲翔（170—239），會稽餘姚人也。太守王朗命爲功曹。孫策征會稽（196），朗敗績，亡走浮海，翻追隨營護到東部侯官。朗謂翻曰：「卿有老母，可以還矣。」翻既歸，策復命爲功曹，待之以交友之禮，身詣翻第。策薨（200），後翻州舉茂才，漢召爲侍御史，曹公爲司空，辟皆不就。翻與少府孔融書，並示以所著易注。融答書曰：「聞延陵之理樂，觀吾子之治易；乃知東南之美者，非徒會稽之竹箭也。。又觀象雲物，察應寒溫；原其禍福，與神契合；可謂探賾窮通者也。」會稽東部都尉張紘又與融書曰：「虞仲翔前頗爲論者所侵，美寶爲質，雕摩益光，不足以損。」孫權以爲騎都尉，翻數犯顏諫爭，權不能悅；又性不協俗，多見謗毀，坐徙丹陽涇縣。呂蒙圖取關羽，稱疾還建業，以翻知醫術，請以自隨；亦欲因此令翻得釋也。關羽既敗（219），權使翻筮之，得兌下坎上（節），五爻變之臨。翻曰：「不出二日，必當斷頭。」果如翻言。權曰：「卿不及伏羲，可與東方朔爲比矣。」魏將于禁爲羽所獲，繫在城中；權至，釋之；請與相見。他日，權乘馬出，引禁併行。翻呵禁曰：「爾降虜，何敢與吾君齊馬首乎？」欲抗鞭擊禁，權呵止之。後，權於樓船會羣臣飲，禁聞樂流涕。翻又曰：「汝欲以僞求免邪！」權悵然不平。權既爲吳王（221），歡宴之末，自起行酒；翻伏地，陽醉不持。權去，翻起坐；權於是大怒，手劍欲擊之。侍坐者莫不遑遽，惟大司農劉基起抱權諫，翻由是得免。權因勅左右，自今酒後言殺，皆不得殺。翻嘗乘船行，與麋芳相逢。芳船上人多，欲令翻自避。先驅曰：「避將軍船。」翻厲聲曰：「失忠與信，何以事君？傾人二城而稱將軍，可乎？」芳闔口不應而遽避之。後翻乘車行，又經芳營，門吏閉門，車不得過。翻復怒曰：「當閉反開，當開反閉，豈得事宜邪！」芳聞之，有慙色。翻性疏直，數有酒失。權與張昭論及神仙，翻指昭曰：「彼皆死人而語神仙，世豈有仙人也。」權積怒非一，遂徙翻交州。雖處罪放，而講學不倦，門徒常數百人。又有老子、論語、國語訓注，皆傳於世。初，山陰丁覽，太末徐陵，或在縣吏之中；或衆所未識，翻一見便與友善，終成顯名。在南十餘年，年七十卒。翻有十一子，第四子汜最知名。永安（258—263）初，爲監軍使者討扶嚴，病卒。具見三國志吳書本傳。

本傳謂翻爲老子、論語、國語訓注；而不及其餘。然翻講學不倦，述造實夥。三注而外，尚有：

㈠周易注十卷。（詳下）

㈡周易日月變例六卷。（隋書經籍志云：「梁有周易日月變例六卷，虞翻、陸績同撰。亡。」釋文卷首載虞翻注參同契云：「易字从日下月。」姚振宗三國藝文志謂陸所引，疑出是書。）

㈢孝經注（隋唐志不載。唐玄宗御注孝經序云：「韋昭、王肅先儒之領首；虞翻、劉邵抑又次焉。」經義考卷二百二十二著錄是注云佚，又引王應麟曰：「孝經序六家異同，今考經典序錄有孔、鄭、劉、韋五家，而無虞翻注。」姚志謂下句爲朱氏所足。或有說而無書歟？）

㈣論語注十卷（隋書經籍志云：「梁有虞翻注論語十卷，亡。」釋文敍錄云：「論語虞翻注十卷。」案即本傳所云爲論語訓注是也。）

㈤鄭注五經違失事因（吳志虞翻傳裴注引翻別傳載翻奏鄭玄解尚書違失事因，又云玄所注五經違義尤甚者一百六十七事，不可不正云云。虞弼集解云：「因疑曰字之誤，宋本因作目。」姚振宗三國藝文志云：「因或作目，未詳孰是；似當作目。」隋唐志皆不載，疑亦有說而無書。）

㈥春秋外傳國語注二十一卷（隋唐志著錄，並云二十一卷。錢塘汪遠孫有國語三君注輯存四卷，馬國翰玉函山房輯佚書虞注一卷。案即本傳所云爲國語訓注是也。）

㈦太玄注十四卷（吳志虞翻傳裴注引翻別傳云：「又以宋氏解玄，頗有錯謬，更爲立注。」隋唐志著錄，並云十四卷。亡。）

㈧老子注二卷（釋文敍錄云：「老子虞翻注二卷。」隋書經籍志云：「梁有虞翻注老子二卷，亡。」案即本傳所云爲老子訓注是也。）

㈨京氏易律曆注一卷（隋唐志並云一卷。宋王欽臣談錄云「京氏律曆一卷，虞翻爲之解。其書雖存，學者罕究。」陳氏書錄解題云：「專言占象，而不可盡通。字亦多誤，未有別本校。」）

㈩周易集林律曆一卷（姚振宗三國藝文志云：「此似即所注京氏易律曆，然隋志分別著錄而書名各異。證以別傳所云：依易設象，占吉凶之言。似仲翔別有自撰之書。」隋唐志並著錄一卷。）

㈩㈠後漢侍御史虞翻集三卷錄一卷（隋志云：「後漢侍御史虞翻集二卷，梁三卷錄一卷。」唐書藝文志云：「吳虞翻集三卷。」姚振宗三國藝文志謂此從後追述之詞，類皆以漢所授官爲稱號，其稱吳者非也。）

虞氏諸所述造（案翻又有川瀆記，見於隋志著錄。章宗源隋志考證引川瀆記曰：「太湖…………北通晉陵滆湖水，東連嘉興韭溪水。」考晉陵郡縣始於南宋，非吳時所當有。又吳大帝以立太子和，改禾興爲嘉興，事在赤烏五年。時翻已前卒，亦非翻所及知；疑非虞著，說見姚氏三國藝文志引），除國語注、易注有輯本外，餘皆亡佚不傳。其易注之作，實纘述前世之業，用糾俗謬也。裴松之注引翻別傳載其初立易注，奏上曰（三國志卷五十七虞翻傳）：

臣高祖父故零陵太守光，少治孟氏易；曾祖父故平輿令成，纘述其業。至臣祖父鳳，爲之最密。臣先考故日南太守歆，受本於鳳，最有舊書。世傳其業，至臣五世。前人通講，多玩章句；雖有秘說，於經疏闊。臣生遇世亂，長於軍旅，習經於枹鼓之間，講論於戎馬之上；蒙先師之說，依經立注。又臣郡吏陳桃，夢臣與道士遇，放髮被鹿裘，布易六爻，撓其三以飲臣；臣盡乞吞之。道士言：「易道在天，三爻足矣。」豈臣受命，應當知經？所覽諸家解，不離流俗義；有不當實，輒悉改定，以就其正。」

虞氏五世傳孟氏學，翻則夢吞三爻，受命知經；宜其睥睨一世，奏言而無忌矣。考翻上易注，或云在建安十三年（208）（案姚志云此奏稱聖人、天子，蓋上之漢朝而幷示孔融；融被殺在獻帝建安十三年，則奏書當在建安十三年之前），則爲三十九歲以前；或云在流徙交州之後（弼集解云翻奏中有臣沒之後一語，當在流徙交州之後，此奏或在是時。觀其評論鄭玄、宋衷，似在諸人死後；至文學見其易注，或爲少年草創之本。）考魏封權爲吳王，事在文帝黃初元年（221）。

翌年，改元黃武元年（222），於是三分鼎立。黃龍元年（229），權正尊號，即皇帝位。翻上書拜賀，稱「全有九載」（見翻別傳）；則其流徙交州，當在黃初元年；時翻年五十二。是賀書之奏，厥在五十二歲之後也。今觀其上書拜賀，摛詞謙退，語極痛咎；至云「棄骸絕域，不勝悲慕」云云（見翻別傳），則直暮年衰息，哀乞自憐之語。視上易注奏書云夢呑三爻，受命知經；以譏評諸家，而肆言無忌者；實不可同日語矣。蓋上易注時，盛年亮直；故其言諤諤。流放之後，思咎憂絕；故其言卑退。際會不一，語態自殊耳。夷考二說，姚氏爲是。是易注之作，當在三十九歲之前也。

虞氏易注史志著錄，卷數、題稱不一：

隋書經籍志曰：「周易九卷，吳侍御史虞翻注。」

唐書經籍志曰：「周易九卷，虞翻注。」

新唐書藝文志曰：「周易虞翻注十卷。」

案陸德明釋文敍錄題十卷，云「字仲翔，會稽餘姚人，後漢侍御史。」一爲吳人，一著漢稱，實則一人也。考本傳云漢召爲侍御史，不就。權以爲騎都尉，卒以狂直流徙；未嘗爲吳之侍御史也。姚振宗三國藝文志云：「傳注引會稽典錄：孫亮時，太守濮陽興與書佐朱育問答，與稱翻爲御史；育亦稱翻爲侍御史。又韋昭注國語，亦稱爲故侍御史。此從後追述之詞。類皆以漢所授官爲稱號。」（卷四）梁元帝玄覽賦云：「御史之床猶在，都護之門不修。」（翻爲長沙桓王所重，特設此床以表賢，見寰宇記卷九十六）是名御史者，宜著漢稱；隋志題吳，非其實也。是書宋史藝文志不載，殆亡佚於趙宋。

唐李鼎祚周易集解，錄三十五家易注，頗載其說。後儒依輯成帙，厥有孫堂漢魏二十一家易注虞翻周易注十卷附錄一卷，黃奭逸書考虞翻周易注一卷。孫氏輯本序云：「集解所錄，以經文準之，殆不能半。」然千載之後，得見虞易大義，實李氏之功也。自清以降，其專治虞氏易，而刊爲專著者，則有張惠言周易虞氏義九卷、周易虞氏消息二卷、虞氏易禮二卷、虞氏易事二卷、虞氏易候二卷、虞氏易言二卷，曾釗周易虞氏義箋九卷，方申虞氏易象彙編一卷，紀磊虞氏易義補注一卷附錄一卷、虞氏易象考正一卷，胡祥麟虞氏易消息圖說一卷，李銳周易虞氏略例一卷，徐昂周易虞氏學六卷，今人徐芹庭君漢易闡微拾陸有虞氏易闡微；而元和徵士惠氏棟，遠紹墜緒，比輯古義，作易漢學、周易述，宗禰虞氏。又爲易例二卷，發明象數之學，起漢氏之微，導後儒探賾；鼎祚而後，其一人已乎？

三、虞氏易之發明及其辨正

虞氏纘述家業，旁搜而遠紹；既傳孟喜之學，復擇精諸說。漢儒易義，莫非所本；而莫能囿之，固集象數易學之大成矣。夫搏扶搖而上九萬里者，其積必厚；斯有所承，所以有所成也。是以超邁前儒，不苟異同。蓋其所成軼於所承，故能予奪而有斷耳。觀其解「七日來復」，而不取六日七分之說；是並孟氏而卑棄之矣。今考其遺說，創義穎敏，諸多發明。分而述之，厥有三端：

(一)半象及象不見例

虞氏半象之說，昔人多能言之；然半象之義，特其創發之一端；則非昔人之所知也。卦者象也，有之卦則有之象，此卦之象不見，彼卦之象乃見（說詳下）。蓋先施後受，先變後成；故有象不見之例，因有半象之說。二例相成，未可執一而偏廢也。

虞注需九二爻辭曰：「大壯震爲言，兌爲口，四之五，震象半見；故小有言。」（集解引）

虞注訟初六爻辭曰：「初四易位成震言，三食舊德，震象半見；故小有言。」（集解引）

虞注小畜象傳曰：「需坎升天爲雲，墜地稱雨。上變爲陽，坎象半見；故密雲不雨，尚往也。」（集解引）

元和李銳謂「六子之卦，一爻不足以見象；故以兩爻爲半象」（周易虞氏略例）；是半象者，二畫之象也。虞注云震象半見、坎象半見者，皆半象之謂也。後人不能盡通其義，駁詰非難，代有其人。焦里堂易圖略云：「虞翻解小有言爲震象半見，又有半坎之說；余以爲不然。蓋乾之半亦巽兌之半，坤之半亦艮震之半。震之下半，何異於坎離之半？坎之半，又何異於兌巽艮之半？求其故而不得，造爲半象（中略）。半象之說興，則履姤之下，均堪半坎；師困之下，皆可半震。究何從乎？」（皇清經解卷一千一百十五）此未究半象之義也。（海寧杭辛齋嘗爲虞氏辨。杭氏謂初爲震爻、二爲坎爻、三爲艮爻、四爲巽爻、五爲離爻、上爲兌爻，所謂震體半見者，即爲震爻；坎象半見者，即爲坎爻。說見學易筆談卷三。案如杭說，則需九二當云坎象半見；驗諸虞注，亦非其實。蓋杭從鄭氏爻體立說，非虞氏義也。）其惑在不知半象之所由，而有所據；故云乾之半亦巽兌之半也。

夫易者易也。陰陽消息，一瞬萬變。宇內萬象，因變而生，因變而成；盈虛消息，吉凶悔吝，莫非變也。是以「能變之卦」之而爲「所變之卦」，則彼卦之象隱，而此卦之象見。是此象之成，實彼象所來；一施一受，而各變所適矣。然「能變之卦」與「所變之卦」之間，必有所以承續之者。此或由其性之同一；或由其象之類似，故能相變也。既云變矣，則此性雖由彼來，必不能盡同彼性；尅就此言，則此之所得，特彼之一體耳。以其一體而非全體也，故所得者半；是半象之所由而所成者也。

案虞易大義，厥在卦變。卦變者，二爻相易，而此卦變爲彼卦也。需自大壯來，故虞以大壯爲說。大壯䷡（下乾上震）四之五成需䷄（下乾上坎），上體震變爲坎。坎由震來，是坎之半（⚎）爲震象之變（即震變之遺，故爲震之半象）；故虞注需九二云「震象半見」（以上說第一例）。訟䷅（下坎上乾），初四易位成履䷉，二至四互震，震爲言也。屈師翼鵬云：「今初四未易位，則二三兩爻，震象半見，故小有言也。」（先秦漢魏易例述評卷下）蓋訟二至四有成震之勢。今以初四未易位，震象似現而隱；故虞云「震象半見」。是二三兩爻（⚎）之爲半震，實由未現之震以界定之也。抑又言之。訟初四易位成履䷉，二至四互震。三變得正（䷈），三至五互離，二至四互兌；兌由震來，是以兌有震半，體噬嗑。故虞注云「三食舊德，震象半見。」又注六三云「三動得位，體噬嗑食。」是兌之三四兩爻（⚎），爲震變之遺；故云「震象半見」也。亦可備一解（以上說第二例）。卦變小畜自需來（虞注小畜卦云需上變爲巽），故以需爲說。需☵☰（下乾上坎）上變爲大畜☶☰（下乾上巽），而坎變爲巽。是巽由坎來，巽體有半坎之象；故虞注云「上變爲陽，坎象半見。」（以上說第三例）焦氏謂乾之半亦巽兌之半（見上引），以譏毀虞氏，是未究半象之義也。

夫卦變而象易。蓋易變之際，成毀相循，施受一貫；故有半象之說，具如前述矣。說者但執兩畫取義，任意穿鑿，而譏咎虞氏；是又不能無說也。

☵☰需象傳虞注曰：「二失位，變體噬嗑，爲食；故以飲食。」（集解引）

☳☷豫卦辭虞注曰：「三至上體師象，故行師。」（集解引）

☳☲豐上六爻辭虞注曰：「三至上體大壯，屋象；故豐其屋。」（集解引）

上引三例，李銳皆以半象說之（見周易虞氏略例體第十二）；而論者遂以半象疵之。考虞氏半象例，必云「某象半見」。若上述諸例，實非半象。特說者比附成義；所以徒見半象之漫無準據也。推究其誤，則實昧於半象之理；而誤以約象爲半象也。王應麟困學紀聞云：「京氏謂二至四爲互體，三至五爲約象。」（卷一）今考京氏易傳，有互而無約。

☴☱中孚易傳云：「互體見艮。」（三至五互艮）

☴☲家人易傳云：「互體見文明。」（三至五互離爲火，故云文明）

☴☵渙易傳云：「互見動而上。」（二至四互震爲動）

☱☵困易傳云：「坎象互見離火入兌。」（二至四互離爲火）

渙、困二卦，以二至四言互；而中孚、家人，則以三至五爲互；固皆言互，而不言約也。應麟云「三至五爲約象」云云，實乖徵驗矣。竊謂京氏易例，或於三畫之中，約擧其二，以體一卦之象者；謂之約象（鄭以一爻體一三畫之卦，謂之爻體；京以二爻體一三畫之卦，謂之約象）。以其約擧成象，故漫無準據。虞氏說易，間襲其說（如需、豫、豐諸卦例。考同人䷌九四虞注云：「變而承五，體訟。乾剛在上，故弗攻則吉也。」亦取約象爲說，故不言某象半見。今以半象求之，四陽變陰，上乾變巽，巽由乾來；故巽之二畫，乾象半見。二四互坎，坎下乾上，故云體訟。蓋偶或脗合，非半象正例也）；殆與半象殊異，固當分別觀之耳。後儒混同其說，以約爲半；宜其泛漫無歸，時見疵議矣。

夫物有所成，必有所自。依所成而半象之說興，據所自則遺象之跡見；故半象而外，又有象不見之例。

小畜九三爻辭虞注曰：「豫坤爲車爲輹，至三成乾，坤象不見；故車說輹」（集解引）

小畜六四爻辭虞注曰：「孚謂五，豫坎爲血爲惕，惕憂也。震爲出，變成小畜，坎象不見；故血去惕出。」（集解引）

蠱上九爻辭虞注曰：「泰乾爲王，坤爲事。應在三，震爲侯，坤象不見，故不事王侯。」（集解引）

鼎九三爻辭虞注曰：「初四已變，三動體頤。頤中無物，离象不見；故雉膏不食。」（集解引）

旅卦象傳虞注曰：「君子謂三。离爲明，艮爲愼，兌爲刑，坎爲獄。賁初之四，獄象不見。」

（集解引）

案小畜䷈（下乾上巽）旁通豫䷏（下坤上震），故乾下伏坤。坤爲車（說卦云「坤爲大輿」）爲輹（說卦云「坤爲腹」李道平周易集解纂疏卷二云「腹古文輹」），陽息至三，坤變爲乾，坤象不見；故云：「車說輹。」（以上說第一例）豫䷏（下坤上震）二至五互坎，坎爲血爲惕（見說卦）。出震成巽，豫變爲小畜，坎象不見；故云「血去惕出。」（以上說第二例）蠱自泰來（虞注蠱卦云「泰初之上」）泰䷊，下乾上坤，故云「泰乾爲王，坤爲事。」（坤爲臣道，以從王事，故爲事）三至五互震爲侯。泰初之上變蠱（䷑），坤象不見，而三上不應；故云：「不事王侯。」（以上說第三例）鼎䷱（巽下離上），三動成未濟䷿，巽變爲坎；故云「離爲雉，坎爲膏。」初四易位體頤（上下皆陽，其中爲陰，全體之象類頤，故云體頤），頤䷚外實內虛；故云「頤中無物，離象不見。」（以上說第四例）卦變旅䷷（下艮上離）自賁䷕來。賁二至四互坎，坎爲獄（九家易坎爲律爲叢棘爲桎梏，故云坎爲獄）。初之四坎象失，故云：「獄象不見。」（以上說第五例）上述諸例，皆從象變之際，以窺測易義；亦虞易之獨創也。

易繫云：「生生之謂易。」又云：「易者象也。」是象無定住，瞬息而萬變矣。夫變有所由，厥有所趨；明其所由矣，斯知所趨。仲翔性契易道，悟趨由之一貫，見易變之本源。故發爲半象之說，以明其所趨；復創爲象不見之義，以溯其所由。獨布機杼，苦心造詣；當世一人也。夫變有兩端，一爲能變；一爲所變。據所變言，其有半象之義；依能變說，則有象不見之例。蓋成毀相循，隱現相因；

是以此成彼毀，彼隱此現；理固自然爾。兩例一貫，乃見虞說之奧衍；一從變化之中，窺探易道之蘊。蓋萬象瞬變，變斯象易。循其瞬變之跡，求其所變之象；雖若瑣碎，實罔條理。後人不知象不見之義，但執半象之例，譏其二畫取象，漫無準據；是不知虞氏也。

㈡旁通及兩象易例（附反對）

易體邃遠，陰陽其氣；是陰陽者易之用也。繫辭上傳云：「易有太極，是生兩儀。」兩儀即陰陽也。蓋陰陽同源而異變，理一而分殊；是以陽變爲陰，陰變則陽。仲翔研幾深賾，得其理其衍其用；因創爲旁通之例，以發大易義蘊；皆有得之言也。旁通者，陰陽相對而相通，相變而相成也（屈師翼鵬謂旁通者，兩卦相比，爻體互異，此陽則彼陰；此陰則彼陽，兩兩相通也。說見易例述評卷下）。虞氏以此說易，亦可得而言也。茲就集解所引，董理而排比焉。

䷇比　注云：「與大有旁通。」

䷍大有　注云：「與比旁通。」

䷈小畜　注云：「與豫旁通。」

䷏豫　注云：「與小畜旁通。」

䷉履　注云：「與謙旁通。」

䷎謙　注云：「與履旁通。」

䷌同人　注云：「旁通師卦。」

䷆師

䷑蠱　注云：「與隨旁通。」

䷐隨

䷒臨　注云：「與遯旁通。」

䷠遯

䷖剝　注云：「與夬旁通。」

䷪夬　注云：「與剝旁通。」

䷗復　注云：「與姤旁通。」

䷫姤　注云：「與復旁通。」

䷙大畜　注云：「與萃旁通。」

䷬萃

䷚頤　注云：「與大過旁通。」

䷛大過

䷜坎　注云：「與離旁通。」

䷝離　注云：「與坎旁通。」

䷟恆　注云：「與益旁通。」

䷩益

䷱鼎　注云：「與屯旁通。」

䷂屯

䷰革　注云：「與蒙旁通。」

䷃蒙

注言旁通者二十，皆從相反而相成之理，以互通其義。履謙旁通，故虞注謙彖傳云：「謂乾盈履上，虧之坤三故虧盈。」此以履義通謙；注履彖傳云：「坤柔乾剛，謙坤藉乾；故柔履剛。」（並集解引）則以謙義通履。略舉一例，可以隅反矣。乾文言傳曰：「六爻發揮，旁通情也。」蓋陰陽同源，分殊而理一；故窮則變，變則通；通斯得情。是虞氏旁通之所本也。李銳周易虞氏略例云：「餘卦無取乎旁通，故注不言旁通也。」（旁通第七）蓋謂虞注二十（李氏作二十一）例之外，餘卦皆不以旁通見義也。其說實謬。考睽彖傳云：「二女同居，其志不同行。」睽䷥與蹇䷦旁通，蹇上體爲坎；虞注云「坎爲志」。此以旁通卦之坎，通睽彖傳之「志」字也。蹇彖傳曰：「見險而能止。」蹇與睽旁通，睽上體爲離；虞注云：「離見。」是通睽體之離，以明蹇彖之「見」字也。說者皆據互體爲說，不知易辭固有旁通相受之義也。清儒焦循取荀爽升降之說，行虞氏旁通之法；於是易辭相受之跡，釐然大明。李銳謂「餘卦無取乎旁通」云云，殆非其實。

王引之著經義述聞，有「虞氏以旁通說彖象顯與經違」一文，歷證虞氏旁通之非。云（王氏此文甚長，茲舉一例，以明其說）：

虞仲翔以卦之旁通釋之；雖極意彌縫，究與經相牴牾。如履象（中略）。此謂履與謙通。謙上體有坤，互體有震坎也。然經云「說而應乎乾」，謂下兌上乾也。若取義於下艮上坤之謙，則是止而應乎坤矣；豈說而應乎乾之謂乎？（皇清經解卷一千一百八十一）

王氏辨甚明，然非虞氏義也。履☰☱（下兌上乾）象傳曰：「履，柔履剛也。」虞注云：「坤柔乾剛。謙坤藉乾，故柔履剛。」此通謙爲說也。履象又曰：「說而應乎乾。」虞注云：「說，兌也。明兌不履乾，故言應也。」是虞氏正取下兌上乾爲說，與象辭相合。前者以旁通卦爲說，後者則從本卦取義；知虞氏說易，非據一例，以通說全卦也。蓋陰陽屢遷，不可以一遷執；易道萬變，不可以一變應。故一卦之中，或從互體、或以旁通；參互變取，不可以爲典要也。故云唯變所適。王氏必泥執一例，以律全經。既昧於易變之奧，復以非難虞義；竊恐不足以服仲翔也。

附錄六十四卦旁通圖（見錢大昕養新錄卷一）

乾天　坤地	屯水雷　鼎火風	蒙山水　革澤水	需水天　晉火地	訟天水　明夷地火	師地水　同人天火	比水地　大有火天
小畜風天　豫雷地	履天澤　謙地山	泰地天　否天地	隨澤雷　蠱山風	臨地澤　遯天山	觀風地　大壯雷天	噬嗑火雷　井水風
賁山火　困澤水	剝山地　夬澤天	復地雷　姤天風	无妄天雷　升地風	大畜山天　萃澤地	頤山雷　大過澤風	坎水　離火
咸澤山　損山澤	恆雷風　益風雷	家人風火　解雷水	睽火澤　蹇水山	震雷　巽風	艮山　兌澤	漸風山　歸妹雷澤
豐雷火　渙風水	旅火山　節水澤	中孚風澤　小過雷山	既濟水火　未濟火水			

夫卦有六爻，爻有定位；初二三四五上是也。六爻反轉，以初爲上、以二爲五、以三爲四而成一卦，謂之反卦，亦曰反對（從其成卦言，謂之反卦。從其所以成卦言，謂之反對）。六十四卦，兩兩相耦，非覆即變；是以反對爲序也。復彖傳曰：「復，亨。剛反，動而以順行。」雜卦傳曰：「否、泰，反其類也。」則以反對爲說也。爻反其位爲反對，陰陽反變爲旁通（見前）；旁通、反對，實相表裏也。仲翔既創爲旁通之例，復承經傳之說，以反對取義；雖非首創，亦非無據也。其說見於集解所引：

泰卦辭虞注曰：「反否也。」否䷋反爲泰䷊。

否卦辭虞注曰：「反泰也。」泰䷊反爲否䷋。

觀彖傳虞注曰：「觀，反臨也。」臨䷒反爲觀䷓。

明夷卦虞注曰：「反晉也。」晉䷢反爲明夷䷣。

漸卦辭虞注曰：「反成歸妹。」歸妹䷵反爲漸䷴。

略舉如上，反對之說，見一斑已。然卦有可反者，有不可反者。乾、坤、坎、離、頤、大過、中孚、小過，爲反復不衰卦。反乾爲乾，反坤爲坤；是不能反也。故此八卦，以旁通爲對。其餘五十六卦，則以反對爲序；亦或兼通他例。錢大昕十駕齋養新錄云：「泰否、既濟未濟，反復兼兩象易，兼旁通。隨蠱、漸歸妹，反復兼旁通。」（卷一）是也。蓋六十四卦或反或通，有兼有獨，不能一例執也。茲演其圖如下：

六十四卦反對、旁通、兩象易圖

反對	屯蒙、小畜履、謙豫、臨觀、噬嗑賁、剝復、无妄大畜、咸恆、遯大壯、家人睽、蹇解、損益、夬姤、萃升、困井、革鼎、震艮、豐旅、巽兌、渙節。
旁通	乾坤、屯鼎、蒙革、需晉、訟明夷、師同人、比大有、小畜豫、履謙、臨遯、觀大壯、噬嗑井、賁困、剝夬、復姤、无妄升、大畜萃、頤大過、坎離、家人解、睽蹇、震巽、艮兌、豐渙、旅節、中孚小過。
兩象易	屯解、蒙蹇、小畜姤、履夬、謙剝、豫復、隨歸妹、蠱漸、臨萃、觀升、噬嗑豐、賁旅、无妄大壯、大畜遯、頤小過、大過中孚、家人鼎、睽革、困節、井渙。
反對兼旁通	隨蠱、漸歸妹。
反對兼兩象易	需訟、師比、同人大有、晉明夷。
旁通兼兩象易	咸損、恆益。

反對兼	泰否、既濟未濟。
旁通兼	
兩象易	

卦者掛也，懸掛物象以示人；是象由卦出，卦即象也。卦有上下二體，故有兩象焉。兩象易者，上下兩體相易；故云兩象易也。如屯䷂（震下坎上），震坎兩體相易爲解䷧（坎下震上）是也。易者易也。陰陽交變，是爲旁通；爻位反轉，其爲反對；兩體對易，則爲兩象易也。蓋異體殊稱，固皆同源而異變也。虞氏既承反對之旨，首立旁通之說；復比義成例，肇創兩象之易；亦可得而言也。

繫辭下傳曰：「上古穴居而野處，後世聖人易之以宮室；上棟下宇，以待風雨；蓋取諸大壯。」集解引虞翻注云：

无妄兩象易也。无妄，乾在上；故稱上古。艮爲穴居，乾爲野，巽爲處。无妄，乾人在路；故穴居野處。震爲後世，乾爲聖人；後世聖人，謂黃帝也。艮爲宮室，變成大壯，乾人入宮；故易以宮室。艮爲待，巽爲風，兌爲雨，乾爲高，巽爲長木，反在上爲棟。震陽動起，故上棟。宇謂屋邊也。兌澤動下，爲下宇。无妄之大壯，巽風不見，兌雨隔震，與乾絕體。故上棟下宇，以待風雨；蓋取諸大壯也。

无妄䷘（震下乾上），兩象易則成大壯䷡（乾下震上）；故云无妄兩象易也。繫辭下傳又曰：「古之葬者，厚衣之以薪，葬之中野，不封不樹，喪期无數；後世聖人易之以棺槨；蓋取諸大過。」集解引虞翻注云：

中孚上下易象也。本无乾象，故不言上古。大過乾在中，故但言古者。巽爲薪，艮爲厚，乾爲衣爲野，乾象在中；故厚衣之以薪，葬之中野。穿土稱封，封古窆字也。聚土爲樹，中孚无坤坎象；故不封不樹。坤爲喪期，謂從斬衰至緦麻日月之期數。无坎離日月坤象，故喪期无數。巽爲木，爲入處；兌爲口，乾爲人。木而有口，乾人入處，棺斂之象。中孚艮爲山丘，巽木在裏；棺藏山陵，槨之象也。故取諸大過。

中孚䷼（兌下巽上），兩象易則成大過䷛（巽下兌上）；故云中孚上下易象也。繫辭下傳又曰：「上古結繩而治，後世聖人易之以書契，百官以治，萬民以察；蓋取諸夬。」集解引虞翻注云：

履上下象易也。乾象在上，故復言上古。巽爲繩，離爲罟，乾爲治；故結繩以治。後世聖人，謂黃帝堯舜也。夬旁通剝，剝坤爲書，兌爲契；故易之以書契。乾爲百，剝艮爲官；坤爲衆臣，爲萬民，爲迷暗，乾爲治。夬反剝，以乾照坤；故百官以治，萬民以察。故取諸夬。大壯、大過、夬，此三蓋取，直兩象上下相易；故俱言之。

履䷉（兌下乾上），兩象易則成夬䷪（乾下兌上）；故云履上下象易也。

繫辭傳言蓋取者十二，虞氏獨於大壯、大過、夬三蓋取以兩象易言之者；蓋傳於此三處，固明言易之也。虞氏說易，旨在推數明象，以驗易辭之義實卦所本有者；以明此卦之必有此辭，而此辭之義爲必然之眞；因以證成卦與卦辭之綰合，爲一理義自明，而無須經驗證明者（說詳見虞易之特色）。

慧識孤詣，所以解人難得也。虞氏此義，實貫全經，而獨詳於三蓋取也。繫辭三言易之，所易者上下兩象也：

1. 穴居野處——→易之以宮室（蓋取諸大壯）
2. 葬不封樹——→易之以棺槨（蓋取諸大過）
3. 結繩而治——→易之以書契（蓋取諸夬）

虞注蓋取諸大壯云：「无妄兩象易也。」无妄䷘（震下乾上）乾人在路，故爲穴居野處之象；大壯䷡（乾下震上）乾人入宮，故有宮室之象。无妄兩相易爲大壯，則易穴居野處爲宮室之象；故云取諸大壯。注蓋取諸大過云：「中孚上下象也。」中孚䷼（兌下巽上）无坤坎穿聚，故爲不封不樹之象；大過䷛（巽下兌上）乾人入木，故有棺歛之象。中孚兩象易爲大過，則易葬不封樹爲棺槨之象；故云蓋取諸大過。注蓋取諸夬云：「履上下象易也。」履䷉（兌下乾上）三至五互巽爲繩，二至四互離爲罟，故爲結繩之象；夬䷪（乾下兌上）通剝䷖（坤下艮上）坤爲書，兌爲契，故有書契之象。履兩象易爲夬，則易結繩之治爲書契之象；故云蓋取諸夬。是傳辭有易象之說，故卦以兩象易見義也。焦循非之，云：「離、益、噬嗑、乾、坤、渙、隨、豫（焦氏脫）、小過、睽，又何以不兩象易也？」（易圖略卷七）是不知十二蓋取，唯此三處言易之耳。

㈢之正及權變例

彖象言爻例，有當位不當位之說。凡陽居初三五、陰居二四六，是謂當位；陰居初三五，陽居二四六，則曰不當位。既濟彖傳曰：「利貞，剛柔正而位當也。」虞氏衍演其義，據附利貞之言；發爲之正之說，以成既濟之定。故曰：「六爻得位，各正性命，保合大和；故利貞矣。」（虞注既濟卦辭語）易道體仁，義盡於是矣。之正者，不正之爻，變而之正也。

1. 集解引虞翻曰：「坤數十，三動反正，離女大腹，故十年反常乃字；謂成既濟定也。」（屯䷂六二「十年乃字」注）

2. 集解引虞翻曰：「初四易位，成既濟。」（咸䷞象傳「聖人感人心而天下平」注）

3. 集解引虞翻曰：「初失位，故厲；變得正。三動受上，成震。」（漸䷴初六「鴻漸于干，小子厲」注）又曰：「謂三變受，成既濟。」（上九「其羽可用爲儀吉」注）

4. 集解引虞翻曰：「謂二五已變成益，故或益之。……三上失位。……三上易位成既濟。」（損䷨六五「或益之十朋之龜」注）

5. 集解引虞翻曰：「二五易位。」（睽䷥象傳「二女同居」注）又曰：「四動，坤爲地。」（「天地睽而其事同也」注）又曰：「三在坎下，故遇雨；與上易位，坎象不見。各得其正，故則吉也。」（上九「匪寇婚媾，往遇雨則吉」注）

6. 集解引虞翻曰：「謂初已正，二動成震，故行正。」（未濟䷿象傳「中以行正也」注）又曰：「動正得位。」（九四「貞吉悔亡」注）又曰：「之正則吉。」（六五「貞吉无悔」注）

又曰：「終變之正，故无咎。」（上九「有孚于飲酒，无咎」注）

虞氏之正之說，散見全書。屈師翼鵬舉此六節，爲發凡起例：依次爲一爻不正當變之例、二爻不正當變之例、三爻不正當變之例、四爻不正當變之例、五爻不正當變之例、六爻不正當變之例（說詳見先秦漢魏易例述評卷下）。例成義明，譬網在綱矣。然虞氏此義，多見非毀。王引之經義述聞云：

> 遍考彖象傳文，絕無以之正爲義者。既已無所根據矣，乃輒依附與經之言貞者，而以之正解之。如注「坤利牝馬之貞。」云：「坤爲牝，震爲馬。初動得正，故利牝馬之貞。」注「安貞吉」云：「復初得正，故貞吉。」案彖曰：「牝馬地類，行地无疆，柔順利貞。」又曰：「安貞之吉，應地無疆。」皆以坤純陰言之，未嘗以爲初爻之正也。……虞氏言之正者，不可枚舉；而其釋貞以之正，最足以亂眞；故明辯之。（卷一）

考京氏易傳，說坤於類爲馬，引「行地無疆」，以證諸說皆依「牝馬地類」爲義；蓋坤陰卦，故以牝馬象焉（周易姚氏學卷三語）。此依象辭爲說，亦相傳之古義也；故鄭注云：「坤爲牝馬。」虞氏五世傳孟氏易，嘗歷評諸家之失，於象義古語，豈有不見之理？引之以此非虞，不足以難仲翔也。說卦傳云：「乾爲馬，坤爲牛。」是陰爻六畫之坤卦，本無牝馬之象。諸家但依象說以申卦辭之義，曾不究坤卦六爻，何以「利牝馬之貞」？仲翔知其不足以說易也，因反求諸卦；依數推數，故云：「坤爲牝，震爲馬（初動下體爲震）。」繫辭下傳曰：「變動以利言。」故造爲之正之說，以發利貞之所本。蓋虞氏易，但從源本處說；旨在證卦辭之義，爲卦所本有者。王氏則從末流處駁，故凡虞云之正，以成既濟定者，皆條辨其非，以爲最足亂貞；是亦不知類矣。

陳澧東塾讀書記曰：

　　虞仲翔注乾卦云：「成既濟。」惠定宇周易述云：「乾六爻，二四上匪正；坤六爻初三五匪正。乾道變化，各正性命，保合大和，乃利貞，傳曰：『利貞，剛柔正而位當也。』」澧案乾之所以利貞者，以變既濟而六爻各正。既濟彖傳乃說利貞二字之通例，此虞氏之最精善處，亦惠氏最精處；此貞以十篇說經者矣。（卷四）

仲翔釋貞以之正義，蘭甫陳氏以爲「貞以十篇說經者」，而贊其精善。竊謂虞氏之正一義，闡發易道體仁之旨，其精其善，有愈於陳氏言也。

　　嘗試論之。易之大義，歸於既濟定而已。不正之爻，變而之正；正乃定也。焦循易圖略云：「成己所以成物，故此爻動而之正；則彼爻亦動而之正。」（卷一）是之正者，所以己立而立人，己達而達人；仁者之能事畢矣。夫六十四卦三百八十四爻，陰陽得正者一百九十二爻；陰陽失正者一百九十二爻。是爻之定者半，不定者亦半也。不定之爻，當變而之正。然爻之變也，或通或窮；俞曲園易窮通變化論曰：「以不定之一百九十二爻觀之，通者半；窮者半。」蓋有通而無窮，則無所施其變也。俞氏又曰：「通於他卦謂之通，不通於他卦謂之窮；窮於他卦，而自變其陰陽；化不正以爲正，謂之變化。」（易窮通變化論）俞氏窮通變化之論，既糾焦氏旁通之謬；復發易道奧蘊，可以獨步千古矣。夫不正之爻，通於他卦而之正者；是成已而成物，所謂「達則兼善他人」也。窮於他卦，自變其陰陽而正者；是修己待物，所謂「窮則獨善其身」也。易道體仁，虞氏之正一義盡之矣。茲略述其例，以明窮通之道：

屯䷂六二，虞氏云：「三動反正……謂成既濟定也。」屯六三不正，之鼎䷱上九而通；故兩爻皆正。是成己而成物也。

賁䷕彖傳，虞云：「五上動體既濟。」賁五上不正，之困䷮二三而通；故四爻皆正，是成己而成物也。

咸䷞彖傳，虞云：「初四易位，成既濟。」咸初四不正，之損䷨四初而窮；故初四易位，自變而正。是修己以待物也。

恆䷟彖傳，虞云：「初二已正，四五復位，成既濟定。」恆初二四五不正，之益䷩四五一二而窮；初二皆變、四五復位，自變而正。是修己以待物也。

損䷨六五，虞云：「二五已變……三上易位，成既濟。」損二五三上不正，之咸䷞五二上三而窮；故二五、三上易位，自變而正。是修己以待物也。

益䷩九五，虞云：「三上易位……已成既濟。」益三上不正，之恆䷟上三而窮；故三上易位，自變而正。是修己以待物也。

夬䷪九二，虞云：「二動…四變……謂成既濟定也。」夬二四不正，之剝䷖五一而通；故四爻皆正。是成己而成物也。

革䷰彖傳，虞云：「四動成既濟定。」革九四不正，之蒙䷃初六而通；故二爻皆正。是成已而成物也。

窮通者，取旁通之卦，此初彼四、此二彼五、此三彼上，兩兩互易。其陰陽互易者，則交變而正；故曰往來不窮，謂之通（繫辭傳）。陽與陽不相與，陰與陰不相應，是往來不通，斯之謂窮。繫辭傳上曰：「爻者，言乎變者也。」變不正爲正，乃所以成既濟定也。余讀俞氏書，而悟窮通變化之說；因推之正之義，以窺易道體仁之旨。海寧杭辛齋云：「（虞翻）卒以之正立論，明天地大義，以既濟定也爲歸。期人心之不正者，胥歸於正；於是乎世亂或可少定。此虞氏之苦心孤詣，千載而下，猶皦然可見者也。」（學易筆談卷三）善哉乎言也。

爻者言乎變者也。變不正爲正，經也；反經則權。故虞氏注易，之正而外，又有震巽特變、三變受上說，皆權變之例也。

1.震巽特變

巽䷸九五爻辭虞注曰：「震巽相薄，雷風無形，當變之震矣。」

說卦傳「（震）其究爲健爲番鮮」虞注曰：「震雷巽風無形，故卦特變耳。」

說卦傳「（巽）爲近利市三倍」虞注曰：「八卦諸爻，唯震巽變耳。」

八卦取象，唯震雷巽風，兩象無形；故卦特變。特變者，巽☴變爲震☳，震變爲巽；蓋旁通之變例也（李銳謂震變爲巽，巽見於上，則震伏於下；巽變爲震，震見於上，則巽伏於下。兩卦重疊，而不居兩旁；故曰旁通之變例。說見周易虞氏略例）。繫辭下傳曰：「巽以行權。」張惠言周易虞氏義曰：「巽陽隱初，特變成震。以消爲息，故曰巽以行權。」（皇清經解卷一千二百二十五）是震巽特變，亦權變之道也。

2.三變受上

家人䷤象傳虞注曰：「謂三動，坤爲身。上之三成既濟。」

漸䷴上九爻辭虞注曰：「三變受，成既濟。初已正，與家人象同義。三之上得正，離爲鳥；故其羽可用爲儀吉。三動失位，坤爲亂；乾（屈師翼鵬曰乾疑艮字之譌）四止坤。象曰不可亂；象曰進以正邦。爲此爻發也。三已得位，又變受上，權也。孔子曰；可與適道，未可與權，宜无怪焉。」

三變，謂三爻變也；受上（或云受），與上易位也。三變受上者，三爻變而與上爻易位也。家人䷤離下巽上，漸䷴艮下巽上，兩卦九三皆正，今變正爲不正；故云權變。

虞氏權變二例，多見非議，焦循易圖略曰：「成己所以成物，故此爻動而之正，則彼爻亦動而之正；未有無所之自正，不正人者也。枉己未能正人，故彼此易而各正；未有變已正之爻爲不正，以受彼爻之不正者也。虞仲翔三變受上之說，其悖道甚矣。」（卷一）此駁三變受上例；摛詞醇正，無以易矣。屈師翼鵬先秦漢魏易例述評曰：「然謂震雷巽風無形，姑無論說卦傳所列，震巽多有形之物；即以象象傳而論，巽亦爲木，木豈無形者哉？況縱或震巽無形，又何爲特變乎？更退一步言之，即使震巽果爲無形，無形者果應特變，則凡有震巽之卦應皆以特變言之。然屯之下體震也，應變爲巽矣；乃於六二注云：『三失位變，復體離。』震上下皆震，亦應變爲巽也；乃六二亦注云：『三動離爲蠃蚌。』斯仍之正之義，何不用特變之例也？」（卷下）此駁震巽特變例；攄思精要，毋能改也。

間嘗論之，守正行權，聖人不廢。繫辭上傳曰：「易之爲書也不可遠，爲道也屢遷，變動不居，周流六虛，上下无常，剛柔相易，不可爲典要，唯變所適。」蓋萬變不可以一變應，屢遷不可以一遷執，唯變所適耳；所以有貴於權也。胡炳文可權字說曰：

易卦於乾言立誠，不言權；坤言敬義立，不言權；恆言立不易方，不言權。蓋易三百八十四爻，只是一時字，能隨時以處中，即是此一權字。卦言立不言權，權固伏於三百八十四爻之中而不露爾。（古今圖書集成經籍典第九十卷引）

是易道守正而行權之謂也。大傳三陳九卦，而歸趣於行權；故云「巽以行權」，良有以也。王安石九卦論曰：「然則其行尤貴於達事之宜，而適時之變也。故辯義行權，然後能以窮通；而井者所以辯義，巽者所以行權也。故君子之學，至於井巽而大備，而後足以自通乎困之時。」（臨川先生文集）守經通變，彝訓所嘉；辯義行權，君子所尙。權者反於經，然後有善者也（公羊傳桓公十一年語）。虞氏學至於井巽，故辯其義而行其權。既徵揭權道，復著无怪之語；亦可以恕論矣。蓋言乎權者，難於執例；行於變者，不能拘凡也。

上述三則七例，皆虞氏易之發明也。張惠言周易虞氏義序曰：「翻之言易，以陰陽消息、六爻發揮旁通、升降上下，歸於乾元用九而天下治。依物取類，貫穿比附，始若瑣碎；及其沈深解剝，離根散葉，暢茂條理，遂於大道。後儒罕能通之。」是以一千七百年來，易家大師，皆粃糠其說；至斥以亂眞者有之。余爲虞氏辨，亦所以爲易道辨也。然虞氏諸例，特其易說之一端耳。究其大義，則在卦變。

四、虞氏易大義—卦變

卦變之說，言人人殊；蓋由卦變之義，未能畫一耳。方申周易卦變學要曰：「是故六爻改易者爲旁通，一爻改易者爲變化；則變化可附於旁通焉。六爻移易者爲反復，一爻移易則爲往來；則往來可附於反復焉。六爻交易者爲上下易，一爻交易者爲升降；則升降可附於上下易焉。京房易傳以八宮分統六十四卦，即以爻變之次第爲卦名之次第；故變化門內必兼及某宮第幾卦焉。繫上第十一章云：『往來不窮謂之通。』荀注云：『十二消息，陰陽往來無窮已。』故往來門內必兼陰陽之消息焉。虞氏繫下第九章注云：『乾六爻二四上非正，坤六爻初三五非正。』荀氏坤象傳注云：『乾二居坤五爲含，坤五居乾二爲宏；坤初居乾四爲光，乾四居坤初爲大也。』故升降門內必兼及當位不當位焉。然則，易之卦變，其源流與本末，固不可不辨矣。」（自序）變化、往來、升降三門，附三而兼三，名目雖殊，爲變則一；莫非卦變也。說卦傳曰：「觀變於陰陽而立卦。」是卦變之說，其來有自矣。然此卦變之名，起自後世；非虞氏卦變也。

今考虞氏卦變，殆指「之卦」而言；之者，兩爻相易也。兩爻相易，故此卦變而爲彼卦；所謂某卦自某卦來者也（繫辭云上下無常，剛柔相易；而象傳言往來上下者，是其本據也。然後人非之，胡煦周易函書別集云：「彖辭之往來上下，但據摩盪時言之，非有卦變之說；而後儒以爲卦變矣。」（自序）然則「上下無常，剛柔相易」者，又何以爲說乎？此胡氏一家之私語，非世之公論也）。其說以乾坤二卦爲本。陽息而復而臨而泰而大壯而夬而乾，陰消而姤而遯而否而觀而剝而坤；謂之十二消息卦。是十二消息卦出於乾坤，而諸卦則出於消息卦也。故虞翻注豐䷶卦云：「此卦三陰三陽之例，當從泰二之四。」謂豐由泰來也。蓋由陰陽消息，推卦之所由生；故謂之卦變，昔謂之「之卦」也。考六十四卦消息升降，傳自孟喜，而荀爽、蜀才之徒皆言之；特不如仲翔之備也。述虞氏卦變。

㈠二陽四陰之卦，來自臨、觀例。

䷒臨

䷓觀

䷣明夷　注曰：「臨二之三。」

䷲震　注曰：「臨二之四。」

䷭升　注曰：「臨初之三。」

䷧解　注曰：「臨初之四。」

䷜坎　注曰：「乾二五之坤，于爻觀上之二。」

䷦蹇　注曰：「觀上反三也。」

䷳艮　注曰：「觀五之三也。」

䷬萃　注曰：「觀上之四也。」

䷢晉　注曰：「觀四之五也。」

右自臨來者四卦，自觀來者五卦。

變例四卦：

䷂屯　注曰：「坎二之初。」

䷚頤　注曰：「晉初之四，與大過旁通。……反復不衰，與乾坤坎離大過小過中孚同義；故不從臨觀四陰二陽之例。或以臨二之上兌爲口，故有口實也。」

䷃蒙　注曰：「艮三之二。」

䷽小過　注曰：「晉上之三。當從四陰二陽臨觀之例。臨陽未至三，而觀四已消也。又有飛鳥之象，故知從晉來。」

以上四卦，亦二陽四陰之例。考臨二之五爲屯，觀上之初亦屯；而注從坎䷜二之初者，虞氏云：「坎二之初，剛柔交震；故元亨。之初得正，故利貞矣。」（卦辭「元亨利貞」注）是以之初得正，推「利貞」之辭也；故從坎二之初爲說。又云：「乾剛坤柔，坎二交初；故始交。確乎難拔，故難生也。」（象傳「剛柔始交而難生」注）是取二交初，以究「始交而難生」之由也。苟從臨、觀之例，則始交義昧矣。蒙注云艮三之二，說者謂用荀說也（案荀爽注蒙彖傳云：「此本艮卦也。」）。惠棟周易述疏云：「云艮三之二者，以六五童蒙，二以亨行時中；故知自艮來也。」（皇清經解卷三百三十）考蒙彖傳曰：「蒙亨，以亨行，時中也。」是虞氏艮三之二，實本彖傳爲說也。蓋荀、虞二家，各從所據；非虞襲荀也。頤，外實中虛，反復不衰，與乾坤坎離大過小過中孚同義。故不從臨、觀而別自爲例，虞固明著其言矣。夫卦變者，一爻動而升降之謂也。小過䷽，當從二陽四陰臨，觀之例、然臨陽未至三，觀四已消；故一爻動而升降者，至此而窮；所以變例爲晉上之三也。

㈡二陰四陽之卦，來自遯、大壯例。

䷠遯

䷡大壯

䷅訟　注曰：「遯三之二也。」

䷸巽　注曰：「遯二之四。」

䷘无妄　注曰：「遯上之初。」

䷤家人　注曰：「遯初之四。」

䷝離　注曰：「坤二五之坤……于爻遯初之五。」

䷰革　注曰：「遯上之初。」

䷱鼎　注曰：「大壯上之初。」

䷛大過　注曰：「大壯五之初，或兌三之初。」

䷥睽　注曰：「大壯上之三。在繫蓋取，无妄二之五也。」

䷹兌　注曰：「大壯五之三也。」

䷙大畜　注曰：「大壯初之上。」

䷄需　注曰：「大壯四之五。」

右自遯來者六卦，自大壯來者六卦。

變例一卦：

䷼中孚　注曰：「訟四之初……此當從四陽二陰之例。遯陰未至三，而大壯陽已至四；故從訟來也。」

中孚當從四陽二陰遯、大壯之例，然一爻動而升降者，至此又窮；故變例爲訟四之初。與小過同例。

考二陰四陽之卦，重出者四：无妄、革二卦，並云：「遯上之初。」大畜、鼎二卦，皆云「大壯初之上。」是一爻動而生兩卦之例也。遯䷠（下艮上乾）上之初爲革䷰（下離上兌）、大壯䷡

（下乾上震）初之上爲鼎䷱（下巽上離）；蓋之卦者，一爻動而上下兩爻相易也。故遯初上相易爲革、大壯初上相易爲鼎；而无妄、大畜之來，亦云同乎革、鼎，是不能無疵也。陳澧東塾讀書記曰：

澧謂虞仲翔最紊其例者，無妄，大畜二卦也。凡仲翔之卦之例，以兩爻相易，其餘四爻如故。惟无妄注云：「遯上之初。」則以遯之上九置於初六之下而爲初九，而初六爲六二，六二爲六三，九三爲九四，九四爲九五，九五爲上九矣。大畜注云：「大壯初之上。」則以大壯之初九置於上六之上而爲上九，而九二爲初九，九三爲九二，九四爲九三，六五爲六四，上六爲六五矣。如无妄，大畜之卦之例是，則兩爻相易者非也；如兩爻相易之例是，則无妄、大畜以上爻置初爻之下，以初爻置上爻之上者非也。（卷四）

之者，兩爻相易；是卦變之通例也。今於通例而外，別出兩爻上下相續之說；雖紊自例，實敏創發也。

㈢三陰三陽之卦，來自泰、否例。

䷊泰

䷋否

䷵歸妹　注曰：「泰三之四。」

䷻節　注曰：「泰三之五，天地交也。」

䷨損　注曰：「泰初之上。」

䷾既濟　注曰：「泰五之二。」

䷕賁　注曰：「泰上之乾二，乾二之坤上。」

䷟恆　注曰：「乾初之坤四。」（案即泰初之四）

䷯井　注曰：「泰初之五。」

䷑蠱　注曰：「泰初之上。」

䷐隨　注曰：「否上之初。」

䷔噬嗑　注曰：「否五之坤初，坤初之五。」

䷩益　注曰：「否上之初。」

䷮困　注曰：「否二之上。」

䷺渙　注曰：「否二之四。」

䷿未濟　注曰：「否二之五。」

䷞咸　注曰：「坤三之上成女，乾上之三成男。」（案即否三之上）

䷴漸　注曰：「否三之四。」

右自泰來者八卦，自否來者八卦。

變例二卦：

䷶豐　注曰：「此卦三陰三陽之例，當從泰二之四。而豐三從噬嗑上來之三，折四於坎獄中而成豐；故君子以折獄致刑。陰交故通。噬嗑所謂利用獄者，此卦之謂也。」

䷷旅　注曰：「賁初之四，否三之五，非乾坤往來也，與噬嗑之豐同義。」

豐䷶兩象易爲噬嗑䷔，故從噬嗑上之三爲說。江藩周易述補疏云：「噬嗑（震下離上）上之三、三之上而成豐。折四于坎獄者，謂噬嗑四在坎獄，三從上至，三折而斷之；故噬嗑曰利用獄；故象辭亦曰折獄致刑。」（皇清經解卷一千一百六十六）是因象傳折獄之辭，故通噬嗑而見義也。旅䷷兩象易爲賁䷕，云賁初之四者，與噬嗑之豐同義也。

今考三陰三陽之卦，重出者亦四：損、蠱並云「泰初之上」；益、隨俱作「否上之初」。亦一爻動而生兩卦之例也。泰䷊初之上爲蠱䷑，否䷋上之初爲隨䷐；而損云泰初之上，益云否上之初者，則從兩爻相續之義，與无妄、大畜同例也（說詳見上）。胡秉虔謂无妄有來無往、大畜有往無來、而損則有往無來、益則有來無往（見續經解卷三百五十三卦本圖考）虞氏卦變之說，獨此四卦自紊其例；是不能無憾也。李心庵林松嘗爲虞氏辨，以爲俗儒傳寫之誤，非仲翔之謬也。

李氏擬考定惠本十三則曰：

虞氏之卦之說，他卦皆是；獨於无妄、大畜、損、益四卦有誤者，當是俗儒循誦沿蜀才注而誤也。蜀才注語與虞微別，且亦有譌字。其云无妄本遯卦，剛自上降，爲主於初；大畜本大壯，剛自初升，爲主於外。損注云：「此本泰卦。坤之上九（今案九爲六之誤）下處乾三，乾之九三上升坤六，損下益上者也。」益注云：「此本否卦。乾之上九下處坤初；坤之初六上升乾四，損上益下者也。」此四條即虞注所由誤也。（續經解卷三百六周易述補五）蓋謂俗儒沿蜀才注而誤，因正補其說云（見讀易述劄記）：

㈠**无妄**。注：「遯上之初。」當云三之初，此特虞本傳寫之誤耳。彖傳：「剛自外來，而爲主于內。」注：「上之初。」愚謂三之初，亦可云外來。震以初陽爲卦主，又爲主器；故爲主于內。三非外卦，然在初之外；故亦曰外也。

㈡**大畜**。注：「大壯初之上。」初字乃四字之譌。彖傳：「其德剛上而尙賢。」注：「初之上。」四在大壯體乾，今之上；故曰剛上。

㈢**損**。注：「泰初之上。」當作泰三之上，虞本譌字也。彖傳：「其道上行。」注：「乾道上行。」今案三之上亦乾道上行也。虞本字誤無疑。

㈣**益**。注「否上之初。」當作四之初，亦虞本之誤。彖傳：「自上下下，其道大光。」注：「或以上之初，離爲大光矣。」今案四在上卦，則亦損上益下矣；不必云上爻也。大光自當指離，謂震三動成離；亦不必指上之初也。

林松之辨，苦心措意，極盡彌縫；然不能無疑也。无妄彖傳曰：「剛自外來，而爲主于內。」外內者，謂上下二體也。上體爲外，下體爲內；彖傳之通例也。泰彖傳曰：「內陽而外陰。」泰，下乾上坤；故云內陽外陰。否彖傳曰：「內陰而外陽。」否，下坤上乾；故云內陰而外陽。明夷彖傳曰：「內文明而外柔順。」明夷，下離上坤。離，文明；坤，柔順；故云內文明而外柔順。」恆象傳曰：「剛柔皆應。」應者，初與四、二與五、三與上，陰陽互異曰應。初二三爲下體，四五六爲上體。三與上應，上爲外；則三爲內也。林松以三在初之外，故云：「三之初，亦可云外來。」然則，二在初之外，亦云二爲外乎？是不辨內外也。益象傳曰：「自上下下，其道大光。」六畫之卦，初爻最下，故其義爲下；上爻終極，故其義爲上；傳之爻例也。乾初九象傳曰：「陽在下也。」屯初九象傳曰：「以貴下賤。」剝初六象傳曰：「以滅下也。」大過初六象傳曰：「柔在下也。」益初九象傳曰：「下不厚事也。」井初六象傳曰：「下也。」是初爻稱下例也。履上九象傳曰：「元吉在上。」大有上九象傳曰：「大有上吉。」豫上六象傳曰：「冥豫在上。」隨上六象傳曰：「上窮也。」賁上九象傳曰：「上得志也。」萃上六象傳曰：「未安上也。」是上爻稱上例也。益象傳云：「自上下下。」明指上之初也。林松以四在上卦，取四當上，乃云「不必云上爻也」；則亦似是而非矣。林松強爲說辭，巧爲飾諱；至云无妄四卦，爲俗儒沿蜀才注而誤者，尤爲鑿空無驗也。考損從泰來，下乾上坤爲泰䷊。蜀才云：「乾之初九上升坤上，坤之上六下處乾三；損下益上者也。」（案集解引作「坤之上六下處乾三，乾之九三上升坤六。」茲從易義別錄訂正）蓋實兼用兩爻、分從兩例，以言卦變也。乾之初九上升坤上，是本虞氏兩爻相續之例，以初九益於上六之上；所以損下益上也。然又云坤之上六下處乾三，則從兩爻相易之例；蓋非相易，則不能成損也。說者或謂蜀才此注，當合兩爻之動以成一變；則其變不能成卦。且乾之初九上升坤上，固爲損下益上；而坤之上六下處乾三，無乃損上益下乎？合此二義，以成一變；是損下、損上並見，義無所主矣。故云當分從二例也（下益注倣此）。益從否來，下坤上乾為否䷋。蜀才云：「乾之上九下處坤初，坤之初六上升乾四；損上益下者也。」然則，前者從相續之例，後者取相易為義；是又兼用兩爻而分從兩例也。以其兼用兩爻也，故益下、益上並見；以其兼從兩例也，故相續、相易並出。說如損例。夫易辭為卦所本有者，是以象數易家，務闡此義。虞氏說易，推數立象，尤在證成其說。故云例而違例，皆因易辭之義，而屢遷其說也。損云「損下益上」，益云「損上益下」；故發為二爻相續之例，用應損益之義。蜀才既襲虞說，復兼取兩爻相易之義。兩例同出，乖謬斯見；所以知其襲虞也。蓋從兩爻相易之例，則無以見上下損益之義（坤之上六下處乾三為損，是上三易，不合損下益上義。坤之初六上升乾四為益，是初四易，不合損上益下義）；此虞氏所以不取相易，而別出相續之說也。蜀才見不及此，故二例並見，紊亂而不自知矣。林松以為沿蜀才注而誤者，是不知虞易大義，而強為飾說也（江永著卦變考一篇，考辨无妄等四卦，義極審諦；然從反卦立說，明非虞氏義。說見皇清經解卷二百五十六羣經補義）。

虞氏卦變，獨缺一陽五陰、一陰五陽復剝、姤夬例；故於師、同人、大有注闕，而於比云：「師二上之五。」履云：「謂變訟初為兌也。」小畜云：「需上變為巽。」謙云：「乾上九來之坤。」蓋不從一陰一陽之例也。張皐聞周易虞氏消息云：「復、姤、夬、剝無生卦，陰陽微不能變化。」（皇清經解卷一千二百一十七）胡氏因申其說，而詳著其義焉。

胡祥麟虞氏易消息圖說曰：

復䷗，此下無生卦者，復陽七不能生物也。與姤旁通。剝䷖，剝之下無生卦，乾元退處于上，不能生卦也。姤䷫，姤不能生卦，其陰微也。姤之陰八，巽八也。夬䷪，夬下無生卦，陰爲陽夬，不能生也。」

蓋以陰陽老少，九六爲動、七八爲靜之說，藉明復，姤下無生卦；所以獨缺一陰一陽之例也。此易緯之說，恐非虞氏義也。乾鑿度云：「陽動而進，變七之九；陰動而退，變八之六。」案七爲少陽，九爲老陽，陽盈也；八爲少陰，六爲老陰，陰盈也。盈極則變，理之常也，故七八者陰陽之靜也，九六者陰陽之動也（沈該易小傳序）。是其義也。考焦贛易林，一卦變爲六十四卦，已見一陰一陽自姤、復之例；故李恕谷周易傳註曰：「漢焦延壽有一陰一陽自姤、復，五陰五陽自夬、剝之說。」（論卦變）而虞氏注豫卦云：「復初之四。」是豫由復來也（是虞氏不取一陰一陽之例，非不知有復姤之說也）。胡云復陽七不能生物，洵非虞義也。李林松周易述補曰：「仲翔之卦一例，疑其爲未定之說；故半農亦以爲鑿。」（卷五）是爲定評。

自漢儒卦變之說興，而宋人圖說之學盛。李挺之因有六十四卦相生圖一篇（見漢上易卦圖引），發凡成例，厥有六則：

㈠凡卦五陰一陽者，皆自復卦而來；復一爻五變而成五卦。

㈡凡卦五陽一陰者，皆自姤卦而來；姤一爻五變而成五卦。

㈢凡卦四陰二陽者，皆自臨卦而來；臨五復五變而成十四卦。

㈣凡卦四陽二陰者，皆自遯卦而來；遯五復五變而成十四卦。

㈤凡卦三陰三陽者，皆自泰卦而來；泰二復三變而成九卦。

㈥凡卦三陽三陰者，皆自否卦而來；否三復三變而成九卦。

六例之成，但計數排畫，務求整齊畫一；殊異虞氏卦變說易之義也。漢上朱氏乃取以考論虞易，至譏仲翔牽合，以為可刪（見漢上易叢說）；是亦不知類矣。朱震漢上周易卦圖云：「今以此圖考之，其（虞翻）合於圖者三十有六卦，又時有所疑；不合者二十有八卦。」（卷上）考李挺之卦變，無大壯、觀例，則已不合虞義；又推例一陰一陽諸卦，尤乖虞旨。漢上據以考虞，以為不合者二十有八卦云云；殆魚目比珠，失其義矣。張氏臯聞易圖條辨云：「若李氏之圖，排畫計數，三尺童子皆能知之。虞氏既明臨觀、泰否、大壯遯之例矣，獨不能例推之復、姤；仲翔雖愚，不至此也。且蔡景君既說謙之卦自剝，而仲翔曾不從之；讀其書者，可以深思矣。乃之才既竊虞氏之所棄以立說，子發又據以證虞氏是說者為遼東之豕，而聽者為鄭氏之璞也。不亦誣乎？」（卦變圖）蓋一在計數排畫，務求整齊畫一；一在卦變說易，以見辭卦脗合。二圖趣尚殊異，必執此難彼，所以不知類也。黃宗羲易學象數論云：「（六十四卦相生圖），不以觀、壯四陰四陽之卦為主變，可以無虞氏重出之失矣。然臨、遯自第二變以後，主變之卦兩爻皆動，在象傳亦莫知適從；又不如虞氏動以一爻之有定法也。」（卷二卦變二）觀乎此言，則知所取捨矣。

五、互體說

虞氏說易，有獨創者，有本前人而推闡其說者；卦變是也，若互體、納甲，亦皆有所承，而有所成者也。互體者，六畫之卦，取其二三四爻、三四五爻，名互一三畫之卦；於是卦變象易，所謂推數立象是也。其說濫觴於左氏（春秋莊公二十二年左氏傳載陳侯之筮，遇觀䷓之否。曰：「風爲天於土上，山也。」杜注曰：「自二至四有艮象，艮爲山。」是二三四互艮），而大傳云異位同功、非中爻不備；則其徵也（繫辭下傳云：「若夫雜物撰德，辨是與非；則非其中爻不備。」又云：「二與四同功而異位，三與五同功而異位。」說者謂即互體也。）下逮京房，其說始定；王應麟困學紀聞（卷一）曰：「京氏謂二至四爲互體，三至五爲約象。」（案京氏言互不言約，約象者，約舉二畫取象，固亦互體之一例；然與半象不同。說詳虞氏半象例。）是其法尚簡，猶是周太史之古法也。虞翻推衍其義，互體之說，於是大備；易變妙賾，抉無遺蘊矣。方申周易互體詳述曰：「顧統言之，則皆曰互體；而析言之，則其法亦有不同。」（自序）因條貫諸說，而別其異同焉。茲參酌其說，考虞氏互體之例於后（以下虞注據集解引，間或約舉其文，免繁篇幅也）：

㈠中四畫互體之法：

睽初九爻虞注曰：「四動得位，二至五體復。」

豐初九爻虞注曰：「五動體姤遇。」

兌九五爻虞注曰：「二四變，體剝象。」

案睽䷥（兌下離上），四動上離成艮。二至四互震、三至五互坤，震下坤上爲復䷗；故云二至五體復。豐䷶（離下震上），五動上震成兌。二至四互巽、三至五互乾，巽下乾上爲姤䷫；故云五動體姤。兌䷹（兌下兌上），二四變成䷖。二至四互坤、三至五互艮，坤下艮上爲剝䷖；故云體剝象。此以二至五互一六畫之卦也。

㈡下四畫互體之法

蠱六四爻虞注曰：「四陰體大過，本末弱。」

无妄象傳虞注曰：「體頤養象。」

小畜象傳虞注曰：「初四體夬，爲書契。」

案蠱䷑（巽下艮上），初至三爲巽、二至四互兌，兌上巽下爲大過䷛；故云體大過。无妄䷘（震下乾上），初至三爲震、二至四互艮，震下艮上爲頤䷚；故云體頤養象。小畜䷈（乾下巽上），初至三爲乾、二至四爲兌，乾下兌上爲夬䷪；故云初四體夬。此以初至四互一六畫之卦也。

㈢上四畫互體之法

大畜六五爻虞注曰：「三至上體頤象。」

泰九三爻虞注曰：「從二至上體復。」

兌象傳虞注曰：「三至上體大過。」

案大畜䷙（乾下艮上）三至五互震、四至上爲艮，震下艮上爲頤䷚；故云體頤象。泰䷊（下乾上坤），三至五互震、四至上爲坤，震下坤上爲復䷗；故云體復。兌䷹（兌下兌上），三至五互巽，四至上爲兌，巽下兌上爲大過䷛；故云體大過。此以三至上互一六畫之卦也。

(四)下五畫互體之法

豫象傳虞注曰：「初至五體比象。」

萃象傳虞注曰：「五至初有觀象。」

蒙卦辭虞注曰：「二體師象。」

案豫䷏（坤下震上），初至三爲坤、三至五爲互坎，坤下坎上爲比䷇；故云體比象。萃䷬（坤下兌上），初至三爲坤、三至五互巽，坤下巽上爲觀䷓；故云有觀象。蒙䷃（坎下艮上），初至三爲坎、三至五互坤，坎下坤上爲師䷆；故云體師象。此以初至五互一六畫之卦也。

(五)上五畫互體之法

蒙象傳虞注曰：「二至上有頤養象。」

大有九三爻虞注曰：「二變得位，體鼎象。」

明夷上六爻虞注曰：「謂三體師象。」

案蒙䷃（坎下艮上）二至四互震、四至上爲艮，震下艮上爲頤䷚；故云有頤養象。大有䷍（乾下離上），二變下乾成離。二至四互巽、四至上爲離，巽下離上爲鼎䷱；故云體鼎象。明夷䷣（離下坤上），二至四互坎、四至上爲坤，坎下坤上爲師䷆；故云體師象。

此以二至上互一六畫之卦也。

自京房以二至四、三至五，各互一三畫之卦，至虞氏而其道大備（案虞氏言體不言互；體者，卦象也）。有以四畫互兩三畫卦者，初至四、二至五、三至上是也；有以五畫互兩三畫卦者，初至五、二至上是也。需九二爻辭虞注云：「大壯震爲言，兌爲口。四之五，震象半見；故小有言。」說者（如李銳、方申等）謂即兩畫互卦之法。不知半象之說，自成一系（請參閱虞氏半象例）；非互體之例也。茲依虞氏說，以歸妹爲例，演一卦五互之圖焉：

䷵歸妹——䷥睽（初至四）

—䷾既濟（二至五）

—䷧解（三至上）

—䷻節（初至五）

—䷶豐（二至上）

夫自鍾會著易無互體論（見魏志本傳），典午清談，於是濫觴。然互體之說，實古占遺法；未可厚非也。是以王弼注易，掃象譏互；然注睽六三云：「睽自初至五成困。」即用互體也（說見王弼周易注）。朱熹著易本義，不信互體之說；而解大壯六五云：「卦體似兌，有羊象焉。」變互言似，猶是互體之法也。昔王應麟纂輯康成易注，發明八卦互體精蘊，探其所以然之理；而清儒全祖望復推及十辟，於是其道大明。

王應麟易康成注序曰：

惟乾坤無互體，蓋純乎陽、純乎陰也；餘六子之卦，皆有互體。坎之六畫，其互體含艮震；而艮震之互體亦含坎。離之六畫，其互體含兌巽；而兌巽之互體亦含離。三陽卦之體，互自相含；三陰卦之體，亦互自相含也。（玉海別附十三種）

全祖望易答董秉純問曰：

愚由深寧之言，再以十辟卦推之。五陽辟以震兌與乾坤合而成，五陰辟以巽艮與乾坤合而成。乃夬姤近乎純乾，剝復近乎純坤；故無互體。而艮兌合乾坤也，為臨為遯，則下互有震巽；震巽之合乾坤也，為大壯為觀，則上互有艮兌。至坤乾合為泰，則下互艮而上互震；乾坤合而為否，則下互兌而上互巽。坎離於十辟卦雖不豫，而以既未濟自相互，是陰陽消長之迭用也。其法象亦未嘗不天然也。然則互體之說，非徒以數推而以理備。（皇清經解卷三百零二經史問答）

夫六十四卦，莫非乾坤六子之交合。六子、十辟既備互體之理；則推之六十四卦，而為連互之說，固皆一理相引，未可疵議也。全庶常嘗驗虞氏連互之說，以爲多合經文之象。且云：「朱子晚年謂從左氏悟得互體，而服漢儒之善於說經；有自來矣。」（同上）蓋八卦互體之理具，則六十四卦連互之說成也。孔廣森經學卮言謂泰否備乾坤之體，而獨函諸辟卦於其中（案即用連互之法）。推而言之，上經終於頤、大過、坎、離，下經終於中孚、小過、既濟、未濟。兩濟者坎離之合也；而中孚互爻亦爲頤，小過互爻亦爲大過，此上下經之所以相配也（皇清經解卷七百一十一）。因依中四爻互、上四爻互、下四爻互、上五爻互、下五爻互之次，列六十四卦互卦圖；以爲錯綜相生，循環之妙。噫嘻，窺乎變易之蘊，則知其說之妙也。

附六十四卦互卦圖（孔廣森經學卮言）

	中四爻互	上四爻互	下四爻互	上五爻互	下五爻互
䷀乾					
䷁坤					
䷫姤	乾	乾	本卦	乾	本卦
䷗復	坤	坤	本卦	坤	本卦
䷪夬	乾	本卦	乾	本卦	乾

剝	坤	本卦	坤	本卦	坤
遯	姤	乾	漸	姤	本卦
臨	復	坤	歸妹	復	本卦
大壯	夬	歸妹	乾	本卦	夬
觀	剝	漸	坤	本卦	剝
大過	乾	夬	姤	夬	姤
頤	坤	剝	復	剝	復
同人	姤	乾	家人	姤	本卦
師	復	坤	解	復	本卦
大有	夬	睽	乾	本卦	夬
比	剝	蹇	坤	本卦	剝
既濟	未濟	本卦	本卦	坎	離

未濟	蹇	睽	解	家人	歸妹	漸	豐	渙	旅	節	中孚
既濟	未濟	既濟	既濟	未濟	既濟	未濟	大過	頤	大過	頤	頤
本卦	既濟	未濟	本卦	本卦	解	家人	歸妹	漸	睽	蹇	漸
本卦	本卦	本卦	未濟	既濟	睽	蹇	家人	解	漸	歸妹	歸妹
離	坎	離	豐	渙	豐	渙	恆	益	鼎	屯	益
坎	旅	節	坎	離	節	旅	革	蒙	咸	損	損

䷽	小過	大過	歸妹	漸	恆	咸
䷝	離	大過	睽	家人	鼎	革
䷜	坎	頤	蹇	解	屯	蒙
䷞	咸	姤	夬	漸	大過	遯
䷨	損	復	剝	歸妹	頤	臨
䷟	恆	夬	歸妹	姤	大壯	大過
䷩	益	剝	漸	復	觀	頤
䷰	革	姤	夬	家人	大過	同人
䷃	蒙	復	剝	解	頤	師
䷱	鼎	夬	睽	姤	大有	大過
䷂	屯	剝	蹇	復	比	頤
䷢	晉	蹇	未濟	剝	旅	比

需	睽	既濟	夬	節	大有
明夷	解	復	既濟	師	豐
訟	家人	姤	未濟	同人	渙
噬嗑	蹇	未濟	頤	旅	屯
井	睽	既濟	大過	節	鼎
賁	解	頤	既濟	蒙	豐
困	家人	大過	未濟	革	渙
震	蹇	解	頤	小過	屯
巽	睽	家人	大過	中孚	鼎
艮	解	頤	蹇	蒙	小過
兌	家人	大過	睽	革	中孚
豫	蹇	解	剝	小過	比

䷈	小畜	睽	家人	夬	中孚	大有
䷎	謙	解	復	蹇	師	小過
䷉	履	家人	姤	睽	同人	中孚
䷘	无妄	漸	姤	頤	遯	益
䷭	升	歸妹	復	大過	臨	恆
䷙	大畜	歸妹	頤	夬	損	大壯
䷬	萃	漸	大過	剝	咸	觀
䷐	隨	漸	大過	頤	咸	益
䷑	蠱	歸妹	頤	大過	損	恆
䷋	否	漸	姤	剝	遯	觀
䷊	泰	歸妹	復	夬	臨	大壯

六、納甲說

虞氏易注，莫善於推數立象，以證辭卦之一體（以畫示之，則象見於卦；以書明之，則義見於辭；是辭義本於卦象也）；而象數之說，則莫巧於納甲之法。納甲者，以八卦分納十干也。漢上朱氏曰：「舉甲以該十日也。」（周易卦圖卷下）故曰納甲。其說蓋本於伯陽魏氏，而魏氏則取諸京房也。考京房易傳曰：「分天地乾坤之象，益之以甲乙壬癸；震巽之象配庚辛，坎離之象配戊己，艮兌之象配丙丁。」（卷下）是八卦分納十干之說也。乾坤二卦，各以上下兩象分納甲乙壬癸四干者（卷上乾卦傳云：「甲壬配外內二象。」），明王逵蠡海集云：「自甲爲一至壬爲九，陽數之始終也；故歸乾易，順數也。乙爲二至癸爲十，陰數之終始也；故歸坤易，逆數也。」（干支總論）甲一爲陽，乙二爲陰（以下類推）；是猶八卦之分陰分陽也（案陽卦多陰，陰卦多陽）。陽卦納陽干，陰卦納陰干；故曰：「丙陽入艮，丁陰入兌。」「戊陽入坎，己陰入離。」「庚陽入震，辛陰入巽。」（並見京氏易傳卷下）是納甲之法也。茲演其圖如下：

八卦納十干圖：

陽卦納陽干	陰卦納陰干
乾☰ 內卦納甲 外卦納壬	坤☷ 內卦納乙 外卦納癸
震☳ 納庚	巽☴ 納辛
坎☵ 納戊	離☲ 納己
艮☶ 納丙	兌☱ 納丁

京氏納甲之法，本以占驗災異，用鳴其術。至魏伯陽遂取以比附月體盈虧、昏旦所見方向；以寓丹家行持進退之候。魏氏參同契卷上曰：

三日出爲爽，震庚受西方，八日兌受丁，上弦平如繩。十五乾體就，盛滿甲東方。蟾蜍與兔魄，日月氣雙明；蟾蜍視卦節，兔魄吐生光。七八道已訖，屈折抵下降。十六轉受，巽辛見平明。艮值於丙南，下弦二十三。坤乙三十日，東北喪其朋；節盡相禪與，繼體復生龍。壬癸配甲乙，乾坤括始終。（天符進退章）

京氏但以八卦配十干，魏氏承其說而衍其義。以月魄盈虧，比附卦畫；而取其所見之方，爲所納之甲；以成其鼎爐修煉之說也。魏氏參同契又云：「火記不虛作，演易以明之。偃月法爐鼎，白虎爲熬樞，汞白爲流珠，青龍與之俱。舉東以合西，魂魄自相拘。上弦兌數八，下弦艮亦八；兩弦合其精，乾坤體乃成。二八應一斤，易道正不傾。」（卷上）是伯陽納甲，本爲丹家修煉之用；非以說易也。茲錄其圖如下（見參同契朱熹注）：

參同契納甲圖

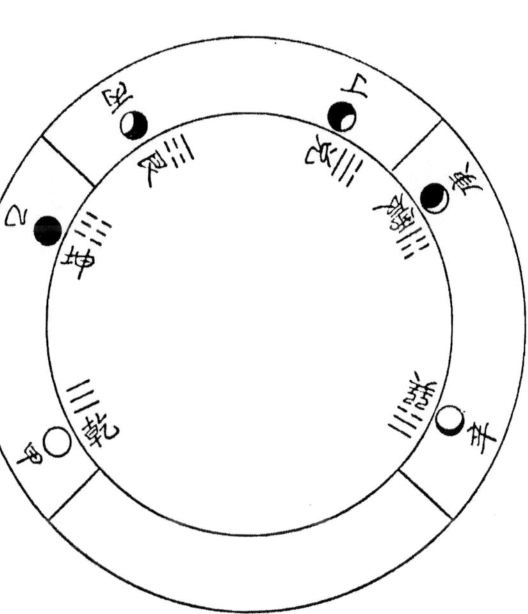

案震一陽始生，於月爲生明◐，三日夕出於庚，故曰震納庚；謂一陽之氣納於西方之庚也。兌二陽爲

上弦◐，八日夕見於丁，故曰兌納丁；謂二陽之氣納於南方之丁也。乾純陽爲望○，十五夕盈於甲，故曰乾納甲；謂三陽之氣納於東方之甲也。此望前三候，陽息陰消之月象也。巽一陰始生，於月生魄◯，十六旦明初退於辛，故曰巽納辛；謂以一陰之氣納於西方之辛也。艮二陰爲下弦◑，二十三旦明半消於丙，故曰艮納丙；謂二陰之氣納於南方之丙也。坤純陰爲晦●，三十旦明盡滅於乙，故曰坤納乙；謂三陰之氣納於東方之乙也。此望後三候，陽消陰息之月象也。離爲日，日生於東；故離位乎東。坎爲月，月生於西；故坎位乎西。至望夕則日西月東，坎離易位。離中一陰，即是月魄；坎中一陽，即是日光。東西正對，交注於中，此二用之氣；所以納戊己也。此胡氏東樵之說也（見易圖明辨卷三）。

茲引以明魏氏說焉。

　夫二家納甲，同源而異趨；是以譽毀殊路，亦可得而言也。

沈括夢溪筆談曰：

易有納甲之法……可以推見天地胎育之理。乾納甲壬，坤納乙癸者，上下包之也。震巽坎離兌納庚辛戊己丙丁者，六子生於乾坤之包中；如物之處胎甲者。……乾坤始於甲乙，則長男、長女乃其次，宜納丙丁；少男、少女居其末，宜納庚辛。今反此者，卦必自下生；先初爻，次中爻，末乃至上爻。此易之敍，然亦胎育之理也。物之處胎甲，莫不倒生；自下而生者。卦之敍而冥合造化胎育之理，此至理合自然者也。（干支總考）

朱升八卦納甲圖說曰：

夫既以乾三畫純陽爲望，以坤三畫純陰爲晦；則其明魄消長，當以五夜當一畫。若是則震當爲初五夜之月，而非生明；兌當爲初十夜之月，而非上弦也。望後巽艮準此。此月之明魄，既與所言卦不類矣。又地之方位，甲庚相對。既以望夕之月爲乾，而出甲則初生之月，不見於庚矣。上下弦之昏旦，同見於南方之中，亦初無上弦丁、下弦見丙之異也。大抵月之行天，十二月間，其昏出見之地，夜夜推移，不襲其位。……不可以言納甲之理也。（古今圖書集成歲功典第一百三卷）

沈括所贊者，京氏說也。朱升所疵者，魏氏義也。蓋造說簡者，易爲巧附；申義繁者，難於妙合也。要而言之，參同契納甲以卦畫比附月魄盈虧、與夫昏旦出沒方位之說，其不能免於疵議者三端：乾三畫爲望，坤三畫爲晦，望晦之間十有五日；則明魄消長，一畫合五日。依數推計，則震兌諸卦皆不合圖位也。此其一。晝夜有長短。晝短，日沒於申；則月合於申，望於寅。晝長，日沒於戌；則月合於戌，望於辰。十二月間，三日之月未必盡見庚，十五日之月未必盡見甲。合朔有先後，則上下弦未必盡在八日、二十三日，望晦未必盡在十五日、三十日也（案楊愼丹鉛總錄易卦納甲言之，而朱升「夜夜推移，不襲其位」之說，亦同此義）。此其二。震巽位於西、兌艮位於南、乾坤位於東，與說卦傳之卦位易（案焦循易圖略言之）。此其三。特魏氏納甲，蓋爲牝牡汞鉛，交媾烹煉之術；固不爲易注設也。仲翔據依其說，因取以注易；是納甲入易，厥自翻始也。

坤象傳曰：「東北喪朋，乃終有慶。」

虞翻注云：「陽喪滅坤，坤終復生。謂月三日震象出庚，故乃終有慶。此指說易道陰陽消息之大要也。謂月三日變而成震，出庚；至月八日成兌，見丁；庚西丁南，故西南得朋。謂二陽爲朋，故兌。……二十九日，消乙入坤，滅藏於癸；乙東癸北，故東北喪朋。謂之以坤滅乾，坤爲喪也。」（集解引）

繫辭上傳曰：「在天成象。」

虞翻注云：「謂日月在天成八卦。震象出庚，兌象見丁，乾象盈甲，巽象伏辛，艮象消丙，坤象喪乙，坎象流戊，離象就己；故在天成象也。」（集解引）

繫辭上傳曰：「縣象著明，莫大乎日月。」

虞翻注云：「謂日月在天成八卦象。三日莫，震象出庚，八日兌象見丁，十五日乾象盈甲，十七日旦巽象艮辛，二十三日艮象消丙，三十日坤象滅乙。晦夕朔旦，坎象流戊；日中則離，離象就己。戊己土位，象見於中，日月相推而明生焉；故縣象著明，莫大乎日月者也。」（集解引）

繫辭下傳曰：「八卦成列，象在其中矣。」

虞翻注云：「乾坤列東，艮兌列南，震巽列西，坎離在中；故八卦成列，象在其中矣。」（集解引）

說卦傳曰：「水火不相射。」

虞翻注云：「謂坎離水火相通，坎戊離己，月三十會於壬；故不相射也。」（集解引）

參同契納甲，創義有二：以月魄之盈虧比附卦畫之陰陽一也，以月象出沒之處定八卦之方位二也。仲翔納甲，全本斯義；觀上所引，可以徵驗矣。特援以入易，依附易傳，以成其「日月在天成八卦象」之說；則又翻之創說也。考虞氏注參同契云：「易字從日下月。」（陸氏經典釋文卷一易字下引）是日月爲易，義有自來矣。翻別傳曰：「臣郡吏陳桃，夢臣與道士遇，放髮被鹿裘，布易六爻，撓其三以飲臣；臣盡乞吞之。道士言：『易道在天，三爻足矣。』豈臣受命，應當知經？」（三國志虞翻傳注引）夫日月爲易，本諸參同契；而易道在天，三爻已足，則聞自布易道士。是「日月在天成八卦象」義，固肇端於是矣。皮錫瑞謂「（虞氏）學雜出道家。」（經學通論第一册易）殆此之謂也。茲錄虞氏日月在天成八卦象圖如下（見李銳周易虞氏略例）；

日月在天成八卦象圖

仲翔納甲，雖本諸參同契；然援以入易，隨文而敷衍；故其說義，未盡合魏。焦氏循固嘗言之矣（見焦循易圖論納甲第六）。茲董理其說，條述於后：

㈠仲翔解八卦成列云：「乾坤列東，艮兌列南，震巽列西，坎離在中。」因而解四象生八卦云：「乾坤生春，艮兌生夏，震巽生秋，坎離生冬。」直據魏伯陽之說，而定八卦之方位、四時之所生；於易傳離南坎北之位既悖，而於兌為正秋之位亦悖。蓋甲乙壬癸並納乾坤，乾坤列東，不得又列於北；乃以戊己所納之坎離，列之北方。魏伯陽之說，固未有此也。

㈡仲翔解水火不相射云：「水火不相通，坎戊離己，月三十日一會於壬。」或以此為坎離列北之義。徐敬可云：「望月之陽既盈於甲，其夜半日行於壬而月與為衝；晦旦之陽既盡於乙，其夜半日行至癸而月與同躔；故壬癸配甲乙。」（見胡渭易圖明辨引）此謂日月會於癸，與虞翻會壬之說異。然日出於東；月升於西，晦於東，此有定者也。至於日月之會，不專在北；謂會於壬不可，謂會於癸亦不可。故魏伯陽明言庚受西方，滿甲東方；而壬癸第云「乾坤括終始」，不言坎離會壬癸。虞翻乃執以為八卦之列如此，而傅會坎離生冬之說；又乖於魏氏義矣。

夫襲故者蹈常，學以固滯；推陳者出新，說以奧衍也。自京房創為納甲之說，以鳴其術數；易卦天干，始肇融通端倪。魏氏伯陽，因、創其術，於是月魄比卦、卦位新陳，雖皆一理之承衍；然固遠軼故常，愈推愈進矣。仲翔掩貫其說，推其陳而出其新；易道妙賾，復得窺其一隙焉。蓋其義實為易設，所以乖異伯陽也。夫虞氏納甲，雖源出參同契；然青藍殊變，未可一例視之也。顧論者多非難其說，以爲丹家外道，非易所本有。然畫卦所本，不外天象地文；而天象則莫著於日月。繫辭上傳云：「縣象著明，莫大乎日月。」是仰觀者，觀於日月陰陽之變也。然則，月魄比卦，固亦聖人所取；虞氏推以明易，非絕無所據也。熊十力讀經示要云：「余以爲伏羲畫卦，當初或因觀測日月與氣象而有悟。納甲法本之觀測日月，繫辭傳羲皇仰觀於天，是其證。」（卷三）蓋風雷幻變，以感而應；日月盈虧，以象而著。是知觀象於天者，不廢陰陽消長之理；此月魄比卦之所由興乎？而說者非之，必其爲易義所無；則非篤論也。

若夫納甲所陳方位，汰舊推新；尤見創意。兩漢易學之演進，虞實重要關鍵；未可忽也。考說卦傳「帝出乎震」一節，所陳震東兌西、離南坎北方位，實出五行說之比附（案伏羲始受木德，木爲東方。說卦傳云「帝出乎震」，故以震爲東也。請參閱顧頡剛五德始終下的政治和歷史，見古史辨第五册）；昔人固嘗疑之矣。管輅別傳載輅謂劉邠曰：「輅不解古之聖人，何以處乾位於西北、坤位於西南？」（魏志管輅傳注引）蓋易不言五行，所以不得其解耳。納甲之法，推本陰陽消長，以定八卦方位；雖異說卦所陳，固不違仰觀之義也。宋儒宏衍易道，造爲先天之學；推遡源流，虞實有以導之耳。陳壽熊讀易漢學私記曰：「先天之說，本虞易而衍之者也。虞易言納甲、消息，得之參同契。又自言夢道士飲易三爻，是亦出於道家者也。虞氏注五位相得而各有合，以納甲合天地定位四句言之；注數往者順知來者逆，以消息自子至午，自午至子言之。而康節說先天圖，謂春夏秋冬、弦望晦朔，皆在其中；非自言其出於納甲、消息者乎？惟以納甲合消息，又推至六十四卦；故十二消息不能各貞其辰，而納甲亦不能如古方位。然其次第，則皆未嘗易也。」（續經解卷千三百四十七）先天之學，自成一家之言，洵非上下二篇所能規囿；而其源則自虞氏啓之也。觀乎陳氏私記，則知二家所異；厥在源流之變也。

七、虞氏逸象

夫易自孟、京以降，象數滋繁；而虞實大家焉。象數者，推數立象，以證辭卦之一義也。故虞氏易說，務闡斯義；若上述諸端，莫非推數；亦所以立象也。蓋象因數立，意以象盡；故云：「立象盡意。」所以有貴於虞氏逸象也。陳壽熊讀易學私記曰：「按說易者所陳卦象，不見於說卦者，或據易推衍，或采他書相比附；豈易中本有其文，而今逸之哉？逸象之名殊未安。」（續經解卷千三百四十七）其說固是。然虞氏說易，推數立象；象固虞易之大端，取之自有所由也。特佚文殘闕，象義不章，後儒發覆其義，指目逸象；固無妨大義也。考虞氏逸象，雖繁實精，多有本據。趙徵君寶甓齋札記曰：左氏閔元年傳：「震爲土，車從馬。」杜注：「震爲車，坤爲馬。」國語晉語云：「震，車也。」韋注：「易坤爲大車，震爲動爲雷。今云車者，車亦動，聲象雷；其爲小車乎？」又云：「坎，勞、水也、衆也。」韋注：「易以坤爲衆，坎爲水；水亦衆之類故云。」坦案此皆逸象之

屬。虞氏多逸象，其原蓋出於此。（皇清經解卷一千三百一十六）

後人率以逸象漫衍，取無準據，病虞氏泛漫無紀。覩乎趙氏札記，則知所探遡矣。惠棟易漢學曰：「荀九家逸象三十有一，載見陸氏釋文，朱子采入本義。虞仲翔傳其家五世孟氏之學，八卦取象，十倍于九家。」（卷三）因述虞氏逸象，共得三百三十一事。張惠言著周易虞氏義，復增百二十五事，共得逸象四百五十六則。持較惠氏，轉益精審。茲考辨二家異同於下（張有而惠無者，則以（）號識之）：

乾逸象：

乾爲王、（爲先王）、（爲明君）、爲神、爲人、（爲大人）、爲聖人、爲賢人、爲君子、爲武人、爲行人、爲物、（爲易）、（爲立）、（爲直）、爲畏、爲威、爲嚴、（爲堅剛）、爲道、爲德、（爲盛德）、（爲行）、爲性、（爲精）、（爲言）、爲信、爲善、（爲揚善）、爲積善、爲良、（爲仁）、爲愛、爲忿、爲詳、爲慶、（爲天休）、爲嘉、爲福、爲介福、爲祿、爲先、爲始、爲知、爲大、爲盈、（爲茂）、爲肥、爲好、爲施、爲利、爲清、爲治、爲大謀、（爲揚）、（爲族）、（爲高宗）、爲甲、（爲老）、爲舊、爲古、爲大明、爲遠、爲郊、爲野、爲門、爲道門、爲百、爲歲、爲頂、爲朱、（爲衣）、爲圭、爲蓍、（爲瓜）、（爲龍）。

坤逸象：

坤（爲臣）、（爲順臣）、爲民、（爲萬民）、（爲姓）、爲小人、（爲邑人）、爲鬼、爲形、爲身、（爲牝）、爲母、爲躬、爲我、爲自、爲至、爲安、爲康、爲富、爲財、爲積、（爲聚）、

（爲萃）、爲重、爲厚、爲致、爲用、爲包、爲寡、爲徐、爲營、爲下、（爲容）、爲裕、爲虛、爲書、爲邇、爲近、（爲疆）、（爲无疆）、爲思、爲惡、（爲理）、（爲體）、爲禮、爲義、爲事、（爲業）、爲大業、爲庶政、（爲俗）、（爲度）、爲類、爲閉、（爲藏）、爲密、爲默、爲恥、爲欲、爲過、爲醜、爲稽惡、（爲迷）、（爲亂）、（爲弒父）、爲怨、爲害、（爲遏惡）、爲終、（爲永終）、（爲敝）、（爲窮）、爲死、爲喪、爲冥、爲晦、爲夕、爲莫夜、爲暑、爲乙、爲年、爲十年、爲戶、（爲義門）、爲闔戶、（爲閉關）、爲盍、爲土、（爲積土）、（爲階）、爲田、爲邑、爲國、爲邦、爲大邦、（爲萬國）、（爲異邦）、（爲方）、爲鬼方、（爲裳）、（爲紱）、（爲車）、爲輹、爲器、爲缶、（爲囊）、爲虎、（爲兕）、爲黃牛、（爲牝牛）。

震逸象：

震爲帝、爲主、爲諸侯、爲人、爲士、爲兄、爲夫、爲元夫、爲趾、爲出、爲行、爲征、爲作、爲逐、（爲驚走）、爲驚衛、（爲定）、爲百、爲言、爲講論、爲議、爲問、爲語、爲告、爲響、（爲聲）、爲音、（爲鳴）、爲應、爲交、爲徵、（爲反）、爲後、（爲後世）、爲從、爲守、爲左、爲生、（爲常）、爲緩、爲寬仁、爲樂、爲笑、（爲喜笑）、（爲笑言）、（爲道）、爲陵、爲祭、爲鬯、（爲禾稼）、爲百穀、爲草莽、（爲鼓）、爲筐、（爲馬）、爲麋鹿。

巽逸象：

巽爲命、（爲命令）、（爲號令）、（爲教令）、爲誥、爲號、（爲號咷）、（爲處女）、（爲婦）、（爲妻）、爲商旅、爲隨、（爲人）、爲處、（爲入伏）、爲利、（爲齊）、爲同、爲交、（爲進）、（爲退）、（爲舞）、（爲谷）、（爲長木）、（爲苞）、（爲楊）、（爲木果）、（爲茅）、爲白茅、（爲蘭）、爲草木、爲草莽、（爲杞）、（爲葛藟）、爲薪、爲庸、爲牀、（爲繩）、爲帛、爲腰帶、（爲繘）、爲蛇、爲魚、（爲鮒）。

坎逸象：

坎（爲聖）、爲雲、爲元雲、（爲川）、爲大川、（爲河）、（爲心）、爲志、（爲思）、（爲慮）、（爲憂）、爲謀、爲惕、爲疑、（爲艱）、（爲蹇）、爲恤、爲晦、爲逖、（爲忘）、（爲勞）、（爲濡）、爲涕洟、（爲眚）、爲疾、（爲疾病）、（爲疾厲）、（爲疑疾）、爲災、爲破、爲罪、爲悖、爲欲、爲淫、（爲寇盜）、爲暴、爲毒、爲瀆、爲孚、爲乎、爲法、（爲罰）、爲獄、爲則、爲經、爲習、爲入、爲內、爲聚、（爲脊）、爲要、爲臀、爲膏、爲陰夜、爲歲、爲三歲、（爲尸）、爲酒、（爲叢木）、（爲叢棘）、（爲蒺藜）、（爲棘七）、爲穿木、爲校、爲孤、爲弓彈、（爲木）、（爲車）、（爲馬）。

離逸象：

離（爲女子）、（爲婦）、爲孕、（爲惡人）、爲見、爲飛、爲爵、（爲日）、爲明、爲光、爲甲、爲黃、（爲戉）、（爲析首）、爲刀、爲斧、爲資斧、爲矢、（爲飛矢）、爲黃矢、爲囡、爲罟、爲甕、爲瓶、爲鳥、爲飛鳥、爲鶴、（爲隼）、（爲鴻）。

艮逸象：

艮爲弟、爲小子、（爲君子）、爲賢人、爲童、（爲童蒙）、爲童僕、爲官、爲友、（爲閽）、爲時、爲斗、爲星、爲沬、（爲霆）、（爲果）、爲愼、爲節、爲待、（爲制）、爲執、（爲小）、（爲多）、爲厚、（爲取）、爲舍、爲求、爲篤實、爲道、爲穴居、（爲石）、爲城、爲官室、爲門庭、爲廬、爲牖、爲居、爲宗廟、爲社稷、（爲鼻）、爲肱、爲背、（爲腓）、爲皮、（爲膚）、爲小木、爲碩果、爲碩、（爲豹）、爲狼、爲小狐、爲尾。

兌逸象：

兌（爲妹）、（爲妻）、爲朋、爲友、（爲講習）、爲刑人、爲刑、爲小、（爲少）、爲密、（爲通）、爲見、爲右、（爲下）、爲少知、（爲契）。

二家異同，大較如上。若乾爲善人、爲文，坤爲妣、爲刑人、爲尸、爲惡、爲殺、爲亂、爲喪期、爲蓋，震爲行人、爲輿、爲奔、爲奔走、爲世、爲大笑，坎爲處、爲蒺、爲美、爲後、爲鬼，巽爲歸、爲桑，艮爲友之等；則皆惠氏有，而皐聞不取者也。紀氏磊復因惠、張二家之說，辨證得失，著虞氏逸象考正二卷，續蒐逸象六十六事。而方申撰虞氏易象彙編，共得逸象一千二百八十七事。方氏自序云：「惠氏所述，凡三百三十則；張氏所述，凡四百五十六則，其蒐輯可謂勤矣。顧其所引者，止於乾爲王之類；而乾，天崇也、乾稱上等類，則絕不一引。即逸象之有爲字者，仍屬略而未備。且其間有也字誤作爲字者，有稱字誤作爲字者，有謂字誤作爲字者，有本無也、爲、稱、謂等字而誤衍爲字者，有一字之象誤作二字者，有二字之象誤作一字者，有他卦之象誤作此卦者，有他注之象誤作此注者，有經文本有而誤以爲逸象者，有注家未引而誤列於逸象者；則千慮之一失，固智者所不能免也。中究心虞易，歷有年所。凡注之引逸象者，按也、爲、稱、謂之目，縷析條分，一一羅列。有疑者則置之，有誤者正之，有脫者則補之；字之通用者則仍存之，義之各殊者則並列之，注之重見者則疊引之，文之錯出者則分紀之。成虞氏易象彙編一卷，共得逸象一千二百八十七則。」雖不無重複之處（如乾爲德，又引作乾德，又引作乾稱德）；然爬羅剔抉，辨析異同，較諸家所錄，精細過之。言虞氏逸象者，此其淵藪矣。

貳、王弼易學研究

一、緒　論

易道廣大悉備，含藏萬里；然易變無方，而理潛無形；所以有貴於窮理盡性，而示開物成務之道也。昔人黜象崇理，蓋亦持之有故；可得而徵也。章如愚羣書考索曰：

三易同祖伏羲，而文王之易獨以理傳。五家同傳周易，而費氏之學獨以理傳。馬、王諸儒同釋易之學，而王弼之注獨以理傳。然則明易之要；在理而已矣。以象談易，占筮者之事也；以數談易，推筮者之事也；以理談易，學士大夫之事也；然而不可不兼也。（續集卷之一）

明易之要，在理而已。此確論矣，而有未盡也。間嘗論之。夫盈天地者，莫非象也；而象無定住，是理有分殊矣。蓋風雷幻變，以感而應；日月盈虧，以象而著。是知觀象於天者，不廢感、應之思；而究其分殊之理也。聖人觀象畫卦者，蓋畫其感、應之思，而著其分殊之理。然理不可見，以象見之；象不可明，以數明之。故數具而象明，象明而理見，理見而卦成也。故云：「卦者掛也，懸掛物象以示人。」（周易正義引易緯）然則，卦所以明象，象見而理寓焉。明乎畫卦之本，則知易之本質爲義理，而其表現爲象數；卜筮則其流也。（案朱子極言易爲卜筮設，非爲義理作。至謂義理由卜筮而衍，顚倒反逆，不足爲訓。其語散見語錄，茲不具引。淸儒皮錫瑞嘗疵其誤而變其言云「易爲卜筮作，實爲義理作」；雖爲調和之論，實亦不知易之本質爲義理，而其表現爲象數；卜筮則其流也。皮說見經學通論第一册易經）。故以象數說者，得其所據；以義理說者，得其所本；未可偏廢也。王弼以義理說易，發覆易道奧蘊；是其特識也。然擯退象數，予奪失據；是猶棄規矩而求其方圓也。蓋象數所以明理，理明而卦顯；取用不同，趣尙自異。昔人固嘗言之矣。

朱子語錄曰：

> 易之有象，其取之有所從，其推之有所用；非苟爲寓言也。然兩漢諸儒，必欲究其所從；則旣滯泥而不通。王弼以來，直欲推其所用；則又疎略而無據。二者皆失之一偏，而不能闕其所疑之過也。（易綱領）

象數易家，必究其所從；義理之學，欲推其所用。是二家之異也。朱子辨其殊尙；而評其疏失，雖似持平之論，實不知象數之所以爲象數也。拙作虞翻周易注研究云：

> 夫象數易學，旨在推象通辭；而論者病之，是未究其說也。蓋推象通辭者，所以驗易辭之義，實卦所本有者；以明此卦之必有此辭，而此辭之義必蘊於此卦。因以證成卦與卦辭之必然絡合；而卦辭之所陳，遂爲一理義自明而無須經驗證明者。其說立易而易道定，蓋實研易之本

也。（提要・孔孟學報第三十四期）

自王弼以降，不明斯義；故弼注周易，掃象譏互；所以疏略而無據也。朱子但知易爲卜筮之書，而不知象數奧旨；宜其說之膚泛無當也。

夫象數易學，旨在推象通辭；而通辭之所趨，其別有二：以驗易辭之義，實卦所本有者一也；以牽附五行、干支，而占驗災異者二也。二家同稱象數，而趨尚互異；固當分別而觀之也。故凡自六畫變易之際，以探象求辭於卦爻之中，而證驗易辭之義實卦所蘊有者；是皆象數本宗，推易之正法也。如互體、卦變之等是也。若夫推本卦爻而雜配干支五行，以比附取義者；則皆象數旁支，無當易旨也。如納甲之爲丹家外道、卦氣以占說災異是也。象數推易之道，大別言之，有此二類。辨其旨歸，觀其所尚；則知學之醇駁，未可一例疵之也（請參閱拙作干寶易學研究四）。朱彝尊經義考引黃宗羲曰：

> 易以卜筮，獨不罹秦火。其民間自相授受，亦止言卜筮，而不敢及乎義理。故漢儒易學大抵多論災祥禍福，以象數爲重；蓋其由來使然也。然其章句之沿習，與訓詁之垂傳者，固未嘗廢也。乃宋人竟詆之，謂秦火焚書而書存，漢儒窮經而經絕；豈其然哉？輔嗣生當漢後，見象占之牽強拘泥，有乖於聖敎，始一切掃除，暢以義理。天下之耳目，煥然一新，聖道爲之復睹。（卷十）

宗炎之所論，徵諸易史；蓋實錄也。然亦見世之謬於象數之見也。夫象數之學歧而爲二；或爲義理之據（所謂驗易辭之義，實卦所本有者也）；或爲術數之本（所謂占驗災異，卜筮之流也）。漢儒盛言象數；然趣向互乖，固未可一例視之也。考周禮太卜掌三易之法，云：「一曰連山，二曰歸藏，三曰周易。」（春官宗伯）而左傳、國語所載，以易筮者十五（見毛奇齡春秋占筮書）。後人習聞術數、象占之言，故凡以象占、災異說者，胥歸之象數之學；是不知象數之有異家而殊尚也。章氏如愚云：「以象談易，占筮者之事也；以數談易，推筮者之事也」（見前）；直以象數爲卜筮，知其見有未周矣。明乎象數之有異家，而理象之有異用；則可以究其所從，而驗其所用；斯見王弼掃象之疏失也。

二、王弼傳略及其著作

三玄融趣，而老易同宗；經籍之道，於是一變，何晏倡之於前，王弼扇之於後；聃周當道，學術闢新矣。二家之學，皆以無爲本。平叔明慧若神，好尚老莊；執無而言無，其失也濫。輔嗣辭才逸辨，好論儒道；化有而歸無，其失也誣。張子橫渠正蒙云：「大易不言有無；言有無，諸子之陋也。」（大易篇）蓋無則無矣，有無異疇，不相倚生；無而生有，則無亦非無矣。述易王弼氏學。

弼字輔嗣（226—249），山陽高平人。幼而惠察。年十歲，好老氏，通辯能言。父業，爲尚書郎。時裴徽爲吏部郎。弼未弱冠，往造焉。徽一見而異之，問弼曰：「夫無者，誠萬之所資也；然聖人莫敢致言，而老子申之無已者何？」弼曰：「聖人體无，无又不可以訓；故不說也。老子是有者也，故恆言無所不足。」尋亦爲傅嘏所知。時何晏爲吏部尚書，甚奇弼。嘆之曰：「仲尼曰後生可畏，若斯人者，可與言天人之際乎！」正始（240—248）中，黃門侍郎累缺。晏既用賈充、裴秀、朱整，又議用弼。時丁謐與晏爭衡，致高邑王黎於曹爽，爽用黎；於是以弼補臺郎。初除覲爽，請間。爽爲屏左右，而弼與論道。移時，無所他及，爽以此嗤之。淮南人劉陶，善論縱橫，爲當時所推。每與弼語，常屈弼。弼天才卓出，當其所得，莫能奪也。性和理，樂游宴、解音律、善投壺。其論道，附會文辭，不如何晏；自然有所拔得，多晏也。頗以所長笑人，故時爲士君子所疾。弼與鍾會善，會論議以校練爲家；然每服弼之高致。弼好論儒道，辭才逸辨，注易及老子，往往有高麗言。大原王濟好談，病老莊，常云見弼易注，所悟者多。然弼爲人，淺而不識物情。初與王黎、荀融善，黎奪其黃門郎，於是恨黎，與融亦不終。正始十年（249）曹爽廢，以公事免。其秋，遇厲疾，亡。時年二十四。無子絕嗣。弼之卒也，晉景王聞之，嗟嘆者累日。其爲高識所惜如此。（見三國志魏書鍾會傳附及裴注引何劭著王弼別傳）

王弼注易及老子，見於史傳。茲更考其著作如下：

㈠周易注六卷（詳下）

㈡易略例一卷（詳下）

㈢周易大衍論三卷（舊唐志著錄王弼周易大演論一卷，新唐志作大衍論三卷。大演疑即大衍之異稱，蓋實一帙也。考魏志鍾會傳注引弼別傳云：「弼注易，潁川人荀融難弼大衍義；弼答其意，白書以戲之。」是作大衍爲是。）今有答荀融書一篇，見嚴可均全三國文編。

㈣周易窮微一卷（鄭樵通志藝文略云：「周易窮微論一卷，王弼撰。」）今佚。

㈤易辯一卷（宋史藝文志著錄王弼易辯一卷。直齋書錄解題於王弼周易窮微條下云：「凡爲論五篇。館閣書目有王弼易辯一卷，其論彖論象，亦類略例；意即此書也。」蓋疑窮微即易辯也。考册府元龜有王弼周易義一卷，姚振宗疑即易辯，見三國藝文志。諸所疑論，皆無確據；闕以傳疑可也。）今佚。

㈥論語釋疑（隋書經籍志云：「論語釋疑三卷，王弼撰。」陸氏釋文敍錄同。兩唐志著錄，並題二卷。考古經解鈎沈敍錄云：「釋文引王弼論語音。」作三卷者，或併音計之耶？宋志不載，殆亡佚於趙宋之際。）今有馬國翰輯本。

㈦老子道德經注二卷（魏志鍾會附傳云：「弼好論儒道，辭才逸辨，注易及老子。」隋、唐志，宋史藝文志並題二卷。陸氏釋文敍錄云：「（王弼又注老子）其後談論者，莫不宗尚玄言；惟王輔嗣妙得虛無之旨。」）今有存本。

㈧老子指略一卷（魏志鍾會附傳引王弼別傳曰：「弼注老子，爲之指略，致有理統。」陸氏釋文敍錄：「弼又作老子指略一卷。」兩唐志並題老子指例略二卷，宋志有王弼道德論一卷。案道德論無考，指例略當從別傳作指略。）今有存本。

㈨集五卷錄一卷（隋志云：「梁又有王弼集五卷錄一卷，亡。」兩唐志並云五卷。）今有弼戲答荀融書、難何晏聖人無喜怒哀樂論各一篇，見嚴可均全三國文編。

王弼辭才逸辨，諸所述論，莫非易老；觀上所考，見一斑已。其周易之作，今可見者，有周易注、易略例二帙。隋志著錄王弼易注云：「周易十卷。魏尚書郎王弼注六十四卦六卷，韓康伯注繫以下三卷，王弼又撰易略一卷。」王弼但注六十四卦六卷，又略例一卷。隋志題云十卷者，併韓注繫辭以下三卷計之耳。南齊書陸澄傳載澄與王儉書曰：「弼於注經中，已舉繫辭；故不復別注。」隋志以降，史志著錄，或云六卷，或云七卷。

唐書經籍志曰：「周易七卷，王弼注。」

唐書藝文志曰：「周易王弼注七卷。」

宋史藝文志曰：「周易上下經六卷。繫辭、說卦、序卦、雜卦三卷，韓康伯注。」

兩唐志云七卷者，併略例計之。蓋弼注上下經六十四卦六卷。（分上經乾傳第一、泰傳第二、噬嗑傳第三、下經咸傳第四、夬傳第五、豐傳第六，而無卷字），又略例一卷；故云七卷。其題十卷者，併韓注言之耳。唐邢璹周易略例序注云：

略例者，舉釋綱目之名，統明文理之稱；略不具也，例舉並也。輔嗣以先儒注二十餘家，雖小有異同，而迭相雜述推比，所見特殊；故作略例，以辨諸家之惑。錯綜文理，略錄之也。

是略例之作，所以明其易注之本。蓋略例以統括大旨，易注以逐爻析義；合則譬網在綱矣。夫漢易有費氏學，皆古文古字，號曰古文易（施、孟、梁丘爲今文易）。王弼注易，用費氏經本，與康成並同古文；然不能無異也。張惠言周易鄭氏義曰：「費氏之易，至馬融始作傳。融傳鄭康成，康成始以象象連經文。所謂經文者，卦爻辭通言之也；即費氏所謂上下經也。魏王弼又以文言附于乾坤二卦。故自康成而後，其本加象曰、象曰；自王弼而加文言曰。」（皇清經解卷一千二百三十一）是古本亂於鄭、王，而王又異於鄭也。今考王弼易學兩書，皆有傳本：

(一)周易九卷附略例一卷（十三經古注本、四部叢刊本）
(二)周易注十卷（四庫全書本）
(三)周易兼義九卷（汲古閣十三經註疏本）
(四)周易兼義九卷附略例一卷音義一卷（福建本十三經註疏、北監本十三經註疏）
(五)周易注疏十三卷略例一卷附考證（武英殿十三經注疏本）
(六)周易兼義九卷附音義一卷注疏校勘記九卷釋文校勘記一卷（重刊宋本十三經注疏本、四部備要本）
(七)周易殘二卷（鳴沙室古籍叢殘羣經叢殘——存卷三卷四）
(八)敦煌古寫本周易王注校勘記二卷（羅振玉廣倉學宭叢書甲類第一集）
(九)周易略例一卷（范氏奇書本、漢魏叢書本、廣漢魏叢書本、增訂漢魏叢書本、學津討原本）
(十)周易集解略例一卷（汲古閣津逮叢書本）
(十一)易略例一卷（增定漢魏六朝別集）
(十二)周易略例一卷（宛委山堂本說郛弓二）

(十三)易略例(反約篇、榕園叢書甲集)

三、王弼易學中之老氏思想

象數之學,旨在推象通辭,以證辭卦之一體;說在前文。然易變無方,故例設不盡;而異家殊尙,愈見猥雜矣。自漢以降,象數貞義寖晦,而術占之學彌衍。後人不能析辨,遂一例疵之;易道毀墜,其來有自矣。王弼承漢之後,一掃象數之學,而啚以義理;易雜玄趣矣。

直齋書錄解題曰:「自漢以來,言易者多溺於占象之學。至王弼始一切掃去,暢以義理;於是天下宗之,餘家盡廢。然弼好老氏,魏晉談玄,自弼輩倡之。易有聖人之道四焉,去三存一,於道闕矣。況其所謂辭,又雜異端之說乎!范甯謂其罪深於桀紂,誠有以也。」(卷一)

夫易之本質爲義理,易之表現爲象數。後人不能辨判其說,但見周官太卜之設、春秋筮占之載;遂以卜筮之流,取律象數精蘊;而以象占之見疵之矣。王炎讀易筆記云:「焦延壽、京房、孟喜之徒,遁入於小數,曲學無足深誚;而鄭玄、虞翻之流,穿鑿附會,象既支離,理茲晦蝕。王弼承其後,遽棄象不論,後人樂其說之簡且便也;故漢儒之學盡廢,而弼之注獨存於今。」(自序)自王弼掃象暢理,論者毀譽參半。王炎所云,厥世之通論歟。然弼實不知象數之所以驗辭、卦一體之義;則譽其掃象者,譽所非譽也。夫易有聖人之道二,義理以爲質、象數以爲形(案繫辭上傳曰:「易有聖人之道四焉:

以言者尙其辭，以動者尙其變，以制器者尙其象，以卜筮者尙其占。」言辭者義理也，動變者象數也；制器則其用，卜筮則其流也。要歸其本，則義理、象數而已；故云易有聖人之道二）。王弼圖以義理，以發覆易蘊；是其特識也。然儒道異趨，有無殊尙；弼擧而通之，以老入易，而易爲糟粕矣。是取其義理者，亦取所非取矣。

自何晏參老莊之言，共爻象爲說：而漢易爲變。王弼推波衍流，以無入有；而易老同宗。黃震讀易日抄曰：「易，聖人之書也；所以明斯道之變易，無往不在也。王弼間以老莊虛無之說參之，誤矣。」（自序）今考王弼易學中之老氏思想，一言以蔽之，以無入有是矣。復象傳云：「復其見天地之心乎？」王弼注曰：

> 復者，反本之謂也；天地以本爲心者也。凡動息則靜，靜非對動者也；語息則默，默非對語者也。然則天地雖大，富有萬物，雷動風行，運化萬變，寂然至无，是其本矣。故動息地中，乃天地之心見也。若其以有爲心，則異類未獲具存矣。

天地以本爲心，而寂然至无者爲本；是天地以无爲本，而无爲天地之心也。晉書王衍傳云：「王弼等祖述老莊之論，以爲天地萬物，皆以無爲本。無也者，開物成務，無往而不存者也。」（卷四十二）蓋謂天地萬物以無爲體，無爲萬物之本也。老子曰：「天地萬物生於有，有生於無。」（四十章）無以生有，有復歸無；有無相生、動靜相因；故云靜非對動者也。馮氏中國哲學史云：「道爲無。惟其爲無，非事物，故能無所不通也，無不由也。有則有所有，有所有即成爲物。爲物是此只是此，是彼只是彼，不能爲其異類也。故曰『若其以有爲心，則異類未獲具存焉。』」（第五章南北朝之玄學上）宇內萬殊，同起並作；是皆本於無也。王注雖有理致，實非易義也。

老子曰：「萬物並作，吾以觀復。」（十六章）

王弼注云：「凡有起於虛，動起於靜；故萬物雖並作，卒復歸於虛靜。」

復象言復，蓋從其往來不窮、循環相續處說；故云「反復其道，七日來復」。老子言復，則從其反本入無處說；故注云：「卒復歸於虛靜」。王弼以老子之復通復象之復，是易老共流，而無以入有矣。

夫易不言有無，言有無者，老氏之流也。繫辭上傳云：「易有太極，是生兩儀。」既云有矣，則非無稱也。唐君毅先生中國哲學原論曰：

易傳謂「易有太極，是生兩儀。」據此二語，吾人所能確定者，唯是太極乃高於兩儀之一概念。如兩儀指陰陽或乾坤或天地，則太極應爲位於陰陽乾坤天地二者之上，而加以統攝之一概念。而太極之所指，則應爲天地及天地中之萬物之極原或總會之所在。……無論直謂太極爲天或元氣或氣，皆是實有一物，而不免從質實處看萬物之原。（第十三章原太極上：朱陸太極之辯與北宋理學中太極理氣思想之發展）

太極爲萬化之原，不論所指爲何？皆實有一物。鈎命訣曰：「形質皆具，謂之太極。」（陳立白虎通疏證卷九引）形質皆具，非有而何？有實創生之本，此易之道也。王弼轉以寂然至無爲說，迥異易義矣。蓋一從「質實處看萬物之原」，一從虛無間竅萬化所本；是儒道根本之異也。王弼以老注易，既暢其言於注中，復著其義於略例；皆老氏義也。王弼略例曰：

夫衆不能治寡；治寡者，至寡者也。夫動不能制動；制天下之動者，貞夫一者也。故衆之所以咸存者，主必致一也；動之所以得咸運者，原必无二也。（明象篇）

略例此論，說者或以「多必受一之決定」（勞思光中國哲學史第二卷第二章）爲解。然細味其言，仍本無稱見義；非徒多寡之爲言也。蓋動待無動，有待無存；故云乎一也。一者無也。王弼注老子「道生一」（四十二章云）云：

萬物萬形，其歸一也。何由致一？由於無也。由無乃一，一可謂無。已謂之一，豈得無言乎？有言有一，非二如何？有一有二，遂生乎三。從無之有，數盡乎斯。過此以後，非道之流。

致一者，由於無也。此王弼解老之義，而著例於周易者也。繫辭下傳：「天下之動，貞夫一者也。」然不謂由無致一也。弼注復象云：「若其以有爲心，則異類未獲具存矣。」異類並存，蓋本於寂然至无也（說見前文）。衆之所以咸存者，以其體無也；無故無所不通，而無所不成。故云：「主必致一。」二說一貫，義無餘蘊矣。焦循易通釋曰：「自王弼、何晏不明致一之義，以老氏抱一之說入之，易義遂不明。」（皇清經解卷一千九十九）案焦循氏通釋經傳致一之義，以斥王、何之謬；雖非爲略例發，愈見弼以無稱之思，通大易而爲義矣。

嘗試論之。繫辭傳云：「八卦成列，象在其中矣。」是象寓於卦中也。卦由爻成，其數則初二三四五上；爻位異陳而卦有異象矣。說卦傳云：「觀變於陰陽而立卦。」陰陽者，九六之數也。九六數變而卦立，是數以定象；象由數出也。西儒畢達哥拉斯氏嘗謂數爲萬象之源，蓋數有奇偶；奇偶離合，殊象滋生（請參閱拙作虞翻易學研究緒論(二)）。猶是推數成象之義；與大易象由數出之說，實深契合矣。夫六十四卦，分而爲三百八十四爻。爻中有物，物由數定；故數變而象易。乾二五之坤成坎，而牛變爲豕；坎二至四互震爲龍，三至五震往艮來，而龍變爲狗。是萬殊演生，原本於數矣；非從寂然至无來也。王弼不明此義，但妙䍐玄思，而麗辭惑目；掃象言理，而易理亡矣。昔人謂其罪深於桀紂者，良有以也。然亡易者，豈特弼一人已乎？是亦可以恕論矣。

夫易爲五經之原，仲尼爲儒者之宗。弼既以無入易，復以體無中孔；見其學之指撝矣。世說新語載弼論孔老有無之言，曰：

王輔嗣弱冠詣裴徽。徽問曰：「夫無者，誠萬物之所資，聖人莫肯致言；而老氏申之無已，何也？」弼曰：「聖人體無，無又不可爲訓；故言必及有。老莊未免於有，故恆訓其所不足。」（文學第四）

聖人體無，體無者反本；老莊執有，執有者離道。是孔聖遠軼老莊也。輔嗣言之，雖似宗聖之言；實則以老律孔，而強仲尼以從聃周也。何劭撰王弼別傳云：

何晏以爲聖人無喜怒哀樂，其論甚精，鍾會等述之；弼不與同。以爲聖人茂於人者，神明也；同於人者，五情也。神明茂，故能體沖和以通無；五情同，故不能無哀樂以應物。然則聖人之情，應物而無累於物者也。今以其無累，便謂不復應，失之多矣。（魏志鍾會傳裴注引）

聖人同於人者，情也；異於人者，神也。以神應情，故應物而無累於物；是之謂化情歸神。化情歸神者，化有入無也；故云能體沖和以通無也。此聖人所以體無之說也；豈其然哉？夫聖人者，人之至也。盡聰明之德（鄭玄樂記注云：「德者，得也。」得之於內謂之德，故周禮師氏注云：「在心爲德」）以極人情之思；所貴於聖者，得其情也。王弼以化情通無之說，成其聖人體無之論；雖思致妙麗，見其辭窮矣。

弼以體無之思，妙罔大易之蘊；故其注易，多見老氏思致。蓋體無之用，貴於用無；弼實一以貫之矣。今觀其易注，或以無爲取義，弼注革上六卦辭云：「功成則事損，事損則无爲；故居則得正而吉，征則躁擾而凶也。」無爲故居正而吉；征則有爲矣，故躁擾而凶也。或尚自然爲說，弼注坤六二卦辭云：「任其自然而物自生，不假修營而功自成；故不習焉而无不利。」任其自然，無爲而無不爲；故物生而功成也。或從不競致思，弼注頤初九卦辭云：「夫安身莫若不競，修己莫若自保；守道則福至，求祿則辱來。」不競則無爲而福至，競求則危身而辱來矣。上舉數例，皆體無申說；宜其虛妄無當也。王弼注乾卦「用九，見羣龍無首，吉。」云：

> 九，天之德也；能用天德，乃見羣龍之義焉。夫以剛健而居人之首，則物之所不與也；以柔順而不爲正，則佞邪之道也。故乾吉在无首，坤利在永貞。

案乾象傳云：「天行健，君子以自強不息。」是健進不已者，天德也。用九，能用天德也。能用天德者，則剛健直進，見其爲首矣；安得云羣龍无首乎？王弼此注明不能解用九所以見羣龍无首之義，故澤其言云「能用天德，乃見羣龍之義焉。」則所見羣龍，莫不剛直而前，節節爲首矣；豈得云无首乎？弼知其說之未合也，乃截斷「用九」與「无首」之聯貫義，轉從老子「不肯爲天下先」（六十七章）之訓，發爲

「剛健而居人之首，則物所不與也」之說，以歸諸「乾吉在无首」之義。可謂支離塗附，不足爲訓也。蓋從其此說，則无首之見，當去九而後明；豈云用九乎？考易緯乾鑿度曰：「陽動而進，陰動而退；故陽以七、陰以八爲象。易一陰一陽合，而爲十五之謂道。陽變七之九，陰變八之六，亦合於十五；則象變之數，若之一也。」是九六皆變數也。用九用六者，言其用變也。

項安世周易玩辭曰：

> 用九者，乾之坤；坤之文言即用九之文言也。用六者，坤之乾；乾之文言即用六之文言也。用九爲乾之坤，見春秋左氏傳。乾惟用九，故可變爲坤；使用七則終於乾矣。坤惟用六，故可變爲乾；使用八則終於坤矣。

又曰：

> 是故用九見羣龍之无首。首者，終窮之地。忽焉皆化，不見其終；此用九之所以爲善變也。用六，利於永貞者，久也。言用六則能久以善其變也。（卷一）

乾之坤；陽變爲陰也。其義發端於左氏。左傳載蔡墨言乾爻之變云：「其坤曰見羣龍無首吉。」（昭公二十九年）是乾之坤之義也。安世申之，九六之用，的然可睹。

案陽變七之九，陰變八之六。七九者，陽之數也；八六者，陰之數也。繫辭上傳云：「四營而成易。」營者，謂七八九六也（周易集解引荀爽說）。一營象一時，四營故象四時；所謂「揲之以四，以象四時」（繫辭上傳）是也。茲演四營配四時圖焉。

春——七（少陽）⚊
夏——九（老陽）⚊
秋——八　少陰）⚋
冬——六（老陰）⚋

春至陽氣始萌，故爲少陽；其數則七。夏至盛陽漸衰，故爲老陽；其數爲九。（由春至夏，陽氣上升，故云七之九。）由春至夏，時序雖易，而陽氣未變，故七爲不變之數也。秋至陰氣始萌，故爲少陰；其數則八。冬至盛陰漸衰，故爲老陰；其數則六。（由秋至冬，陰氣下降，故云八之六。）由秋至冬，時序雖改；而陰氣未變，故八爲不變之數也。陽盛而衰，由夏入秋，陽變爲陰，故九爲變數。陰盛而衰，由冬入春，陰變爲陽，故六爲變數。（案此義時賢多有論及）

九六皆變數，故陽變爲陰、陰變爲陽。用九者，用陽之變也；用六者，用陰之變也。夫乾陽剛健而進，進極則變；是陽變爲陰也。陰性柔順而退，退極則變；是陰變爲陽也。用九者，體陽顯陰；故雖健進無已，而陰以爲濟，適見羣陽之無首也。用六者、體陰和陽；故雖柔退自守，適利其永貞也。黃彭年陶樓文鈔曰：「所謂用者，自爻例言之，則剛柔有體；自爻變而言之，則剛柔相濟。大哉易乎！分陰分陽，迭用柔剛，非天下之至精至變至神；是孰能與於斯乎？」（易用九用六說）用九用六，實易之大義。王弼既謬於體無之思，復不悟九六大用；宜其等子爲經，以老氏無爲無先爲九六之用也。

四、掃象之理論及其理說

夫八卦成列，象在其中矣（繫辭下傳）。是以漢儒易學，務象是求；象固漢易所宗也。夫象數之學，倚數而推象；推象而通辭；所以驗易辭之義；實卦所本有者也。王巽卿大易輯說曰：「聖人所繫卦辭、爻辭，无一字不在六畫上取來。」（卷三）實深推象通辭之學也。蓋象本於卦，而通於辭；辭、卦之合，藉象而明；所貴於漢易者，以知宗象也。王心敬易說云：「易若不關象，不知義於何取？」（清儒學案卷二十九引）易不可離象，離象而言易，是等經爲子矣。故云易者，象也。

洎乎子雍王氏，操鄭之戈，禆鄭之闕；既排爻辰，復剝禮象。易象之學，於是一厄。何晏宗無入有，背爻象而任心胸；易象之學，於是再厄。鍾會神盡周易，嘗論易無互體；易象之學，於是又厄。然子雍剝象，未嘗明著其言；而晏、會立論，移時而息。王弼崛起，掃象譏互，既標揭於略例之篇；復暢之於易卦之注。易象之學，於是大厄矣。王船山周易內傳云：「易之爲道，即象以見理。」（發例）蓋理以象見也。王弼掃象而言理，昔人疵之，良有以也。雖然，得失未易定也。蓋王弼掃象，實有見於象者也。

王弼周易略例曰：

義苟在健，何必馬乎？類苟在順，何必牛乎？爻苟合順，何必坤乃爲牛？義苟應乾，何必乾乃爲馬？而或者定馬於乾，案文責卦，有馬无乾；則僞說滋漫，難可紀矣。互體不足，遂及卦變；

變又不足，推致五行。一失其原，巧愈彌甚。縱復或値，而義無所取；蓋存象忘意之由也。（明象篇）

說卦傳云「乾，健也；坤，順也。」又云「乾爲馬，坤爲牛。」乾健故取象於馬，坤順故取象於牛。健順者，乾坤之德也；馬牛者，乾坤之象也。象所以表德，故凡合於乾健之德者，皆可爲乾之表象；合於坤順之德者，皆可爲坤之表象；不必定馬爲乾，定牛爲坤也。故云：「義苟在健，何必馬乎？類苟在順，何必牛乎？爻苟合順，何必坤乃爲牛？義苟應乾，何必乾乃爲馬？」此王弼破象之大要也。唐君毅先生中國哲學原論曰：

> 王弼論易，其大旨在由漢人象數之學進一步。漢人象數之學之大毛病，在太質實。乾必爲馬，坤必爲牛，某一卦某一爻，必指一特定事物之象。是爲太質實。……王弼論易，正是要去此漢人之太質實之病，以求進一步。其所以能進一步者，正在其特重此屬於名言與所指之實物間之「意」，亦同時特重此「不屬於特定之物之意中之理」。（上册第一章原理上）

馬牛之爲物，乾坤之表象也；健順之爲德，乾坤之性理也。理虛而有容（如人之所以爲人之理者，以其有人性也。故凡具此性者，若張三、李四、趙五……等，皆可應乎此理，而爲此理之表象；故云理虛而有容也），象實而殊體（如張三、李四、趙五……等，皆爲人一概念下之具體殊相；故云象實而殊體），執象則不足以盡理而理亡，執馬牛之象則不足以盡乾坤之德而德喪；漢儒言象，弊在質實；蓋質實則泥，泥則膠固而不通也。

唐先生君毅又曰：

王弼周易略例謂「爻苟合順，何必坤乃爲牛？義苟應乾，何必乾乃爲馬？」坤直接表「順」而不表牛，乾直接表「健」而不表馬。馬牛是象，而「健」「順」是「意」。今重此意，則乾坤之名與實物之關係鬆開，而只與意中之理相連接。只要是健，取象於馬可，取象於牛亦可。只要是順，取象於牛可，取象於馬亦可。牛馬不同，而在一情形其健順可相同，健順既不屬馬，亦不屬於牛，而爲牛馬之共理。然人心中橫直有牛馬之形象，則健順便或屬於馬或屬於牛。必須亡牛馬之形象，而後能意會此健順之共理。（同上）

理之表象非即理也，猶之乎馬牛之非即健順也。執馬牛之象，則不足以盡乾坤之德之理；而乾坤之德之理有所亡，是見馬牛而不見乾坤也。故弼云「而或者定馬於乾，按文責卦，有馬無乾。」（見前）易者象也。明易之道，厥在通象。故由象以通乎卦德，則卦之理明；執象以定卦涵，則卦之義晦。蓋易卦之象，實即邏輯學中之所謂變項，凡合乎此卦理（性）之象，皆可代入此變項；而爲此理（性）下之一象。即

$$(x)\cdot\phi x=\phi a\cdot\phi b\cdot\phi c\cdot\phi d\cdots\cdots\phi n$$

茲以$(x)\cdot\phi x$表凡乾陽之卦，乾皆有健之性，而以$\phi a\cdot\phi b\cdot\phi c$等變項表馬、龍、日、君子等具體之象中，皆有$\phi$（健）之一性；則卦與象之關係如下：

（乾）・健性（乾）＝健性（馬）・健性（龍）・健性（日）・健性（君子）……健性（n）

乾健之象，可推致無窮；而皆指隸於乾卦之下，成爲乾性之一表象。若定乾爲馬，則於乾之性有所不見，而有所不知也。（案漢儒多逸象，或即有見於定乾爲馬之弊乎？）賀長齡復唐鏡海同年書云：

竊以易道甚大，而立象盡意一語，最得先天之妙。盈天地間皆象也，不可盡也；而大指不外陰陽。伏羲但以數畫依稀象之，不着一物；而無物不包。（清儒學案卷一百四十引）

六十四卦但以數畫依稀象之，不着一物；而無物不包。此所以有貴於立象以盡意也。漢儒倚數立象，此其特識也。然執象而蔽於象，適爲通象而盡理之障。王弼掃象，實所以破除象障，以直通於卦之德之理，而後卦蘊可窺矣。（崔應榴吾亦廬稿讚王弼之掃象云：「此誠通論，足祛專講象數之惑。」見皇清經解卷一千三百三十三。案：王弼實不知象數精蘊，然就其破象障一端而言，其識實有逾於漢儒者；固當分別觀之也。）蓋其所重，重在由表象之性，以通於卦德之性；特非藉象以明卦也。

由破除象障之思，因有得意忘象之言。蓋實一理之衍也。昔人以其襲用兔蹄筌魚之喻，遂以羼莊疵之；豈知弼哉！

王弼周易略例曰：

夫象者，出意者也；言者，明象者也。盡意莫若象，盡象莫若言。言生於象，故可尋言以觀象；象生於意，故可尋象以觀意。意以象盡，象以言著。故言者所以明象，得象而忘言；象所以存意，得意而忘象。猶蹄者所以在兔，得兔而忘蹄；筌者所以在魚，得魚而忘筌也。然則，言者象之蹄也；象者意之筌也。是故存言者，非得象者也；存象者，非德意者也。象生於意而存象焉，則所存者乃非其象也；言生於象而存言焉，則所存者乃非其言也。然則忘象者，乃得意者也；忘言者，乃得象者也。得意在忘象，得象在忘言。（明象篇）

乾之性健，以健取象；則馬、龍、日、君子等，皆可以爲乾健之表象。然馬龍等之象，但及馬龍等之義。故執馬龍等之象，可以尋知馬龍等之爲物；而不足以知乾之所以爲乾也。故云「象生於意而存象焉，則所存者乃非其象也。」蓋馬龍等之性健，同於乾健之性；因得爲乾之表象。是馬龍等之爲乾健之象，乃取其性之同；非取其象之合也。故得其象之意，則可以通於乾健之德；蓋所重在意；唯得意乃能明卦。執象則遺意，故得意而忘象焉；故云：「忘象者，乃得意者也。」此忘象之大要也。惠士奇易說云：「（王弼）又創爲虛象之說，遂舉漢學而空之；而古學亡矣。聖人觀象而繫辭，君子觀象而玩辭；六十四卦皆實象，安得虛哉？」象爲變項，故不拘住於一物之象。繫辭傳云：「方以類聚，物以羣分。」凡同一類屬之物，必同具此類屬之理；而皆可爲此理之表象。故理不變，而象則萬殊萬變；尅就萬變而萬殊之象言，則此表理之象，皆可視爲虛象。惠士奇但執虛實之名，以窺虛實之義；恐未得王弼之意也。馬融云：「物莫大於龍，故借龍以喻天之陽氣也。」（集解引）此喻字深得表象之義。借龍爲喻，實深用象之要也。沈驎士曰：「稱龍者，假象也。」（集解引）尤得虛象之說也。

魏際瑞再答葉尹如曰：

伏讀來書云：「象之爲言，乃天地萬物之實體。」此確論也。夫象乃至虛，須臾忽變。………自乾坤大概言之，則爲馬爲牛。自其至頤而言，則非馬牛之一象爲可盡也。今夫山川之氣，結

而爲雲，其降也則爲雨，而凝之也則爲雪，是三物者有異矣。故曰：「不可爲典要，惟變所適。」此象之所以爲妙也。（文集）

聖人觀象畫卦，象皆實體也。有實體之象，而後有萬殊之象；故曰：「在天成象，在地成形；變化見矣。」（繫辭傳）實體之象，所以稱虛者；魏氏言之，雖未能圓融；然可以通乎前言，以明實象之所以稱虛也。

漢儒象數易學，旨在推象通辭；以證辭卦之一體。王弼不達斯義，故破除象障；雖見理致，實無妨推象大義也。而斥數之論，有足祛惑；尤不礙倚數之道也。王弼周易略例曰：

> 變者何也？情僞之所爲也。夫情僞之動，非數之所求也。故合散屈伸，與體相乖。形躁好靜，質柔愛剛。體與情反，質與願違。巧歷不能定其算數，聖明不能爲之典要，法制不能齊，度量不能均也。（明爻通變篇）

又曰：

> 苟識其情，不憂乖遠；苟明其趣，不煩強武。能悅諸心，能研諸慮，睽而知其類，異而知其通。故有善邇而遠至，命宮而商應，修下而高者降，與彼而取此者服矣。是故情僞相感，遠近相追，愛惡相攻，屈伸相推，見情者獲，直往則達。（同上）

術數家倚數成占，而災變之情見。漢書京房傳曰：「其說長於災變，分六十卦更值日用事。以風雨寒溫爲候，各有占驗。」（卷七十五）蓋附易爲說，非爲易設也。夫占說吉凶於前，以徵驗災異於後；

殆皆虛妄之徒，以要取世資；而託諸易數者，以重其言也。易數之亡，其來有自矣。王弼首揭情僞之動，以明變易所關；蓋情僞之變，非數之所求；求變者，當求諸情僞；緣變由情起，非由數來；故推變者當識情；通情所以達變，無關乎數也。故云「苟識其情，不憂乖遠；苟明其趣，不煩強武。」蓋斥占者之數，非謂易數也。

夫象數之學，歧而爲二。以證辭、卦之一體一也，以占驗災異二也（請參閱緒論）前者爲研易之本，後者爲附易之用；殊尙而異趣，固當分別而觀之也。王弼辭而闢之，實闢占者之數；有廓清之功矣。若夫倚數而推象，推象而通辭；以驗辭、卦一體之大義，固非王弼之所知也；故云王弼掃數，而無礙於推數之道也。王申子周易輯說云：「易之爲易，象數而已；理與氣實寓乎其中。學易者若不識得這兩字分曉，何以言易？」（問象數二字）可謂要言不繁矣。

易之本質爲義理，易之表現爲象數；前文固嘗明之矣。象數易家，知乎理由象明，而象由數出；故倚數推象，而理在其中焉。蓋以數爲成象之本，而窮理之基也。王弼既斥數之不足以明理，復明象之適爲理障；故掃象斥數，而有理說焉。王弼周易略例曰：

> 物无妄然，必由其理。統之有宗，會之有元；故繁而不亂，衆而不惑。……故自統而尋之，物雖衆，則知可以執一御也。由本以觀之，義雖博，則可以一名舉也。故處璇璣以觀大運，則天地之動未足怪也。據會要以觀方來，則六合輻湊未足多也。（明象篇）

馬牛之爲馬牛，必有其所以然之理；故云「物无妄然，必有其理。」是物必有理，而各異其理。劉師培理學字義通釋云：「漢儒言理，皆訓理爲分。」（遺書第一册）王弼此說，實從萬物之分別處言；故馬牛之理不同，馬牛之爲物自異；猶承漢儒分析之理立言。然又云：「統之有宗，會之有元」，則此分殊之理，復統會於一宗一元而爲其所出。則此分殊之理，非即事物所以然之原理矣。蓋此分殊之理，是此理便止爲此物；而不能通於彼物；以彼物必有彼物之理也。物物異理，安得觀其會通，而執一以御，名一以舉乎？蓋王弼之所指，實指能爲統宗而會元之原理。以其爲宗爲元，故能含萬理而成萬物。此爲宗爲元之理，實萬物之所由而所以然之原理。王弼言分殊之理，蓋本於漢儒，而爲宗爲元之理，則本於道家之言。韓非子解老篇云：

> 道者，萬物之所然也；萬物之所稽也。理者，成物之文也。物有理，不可以相薄。故理之爲物之制，萬物各異理，而道盡稽萬物之理。

「萬物各異理」，此就分異處說；「而道盡稽萬物之理」，則從統會處說。是王弼所謂統宗會元之理，實即解老篇之道，而爲老子之無也。老子曰：「天下萬物生於有，有生於無。」（四十章）萬物之所由，由於無也。以其無也，是以無所不通而無不成；故云「常無欲以觀其妙」（老子一章），所以爲萬化之原也。王弼注復象傳云：「若其以有爲心，則異類未獲具存矣。」萬物並生，原本於無（說詳前文）；無固爲宗爲元之理也。是以觀大運，而不怪於天地之動；察方來，而不多於六合輻湊；以處宗元之妙無也。王弼言理，蓋由漢儒分異之理歸於統宗會元之理；分異者有也，統會者無也。化有歸無，見王弼之理說矣。

夫大易言有而不言無，老氏言道而不言理（案老子五千言未見理字）；而漢儒言理，則有分無會。王弼既承分殊之理，以接體無之道；復擧萬殊之有，以歸宗元之無；所以成其能統能宗之理也。唐氏中國哲學原論曰：「在王弼思想中，堪爲統爲宗之概念，只是易、感、自然、一、无等。惟此等諸概念爲窮極之辭，而爲統會之宗元所在。」（原理上）蓋有則非窮極之辭，是此則此、是彼則彼；是不能爲萬化之原，故必歸於無也。錢賓四先生亟言王弼理說之妙（見中國思想通俗講話），良有以也。

五、王弼易例及其初上无位說

卦有爻，爻有位；六爻成卦，故六位成章。蓋爻之所居爲位，位者，初二三四五上之次也。初三五爲陽位，陽爻居陽位，是爲當位。二四上爲陰位，陰爻居陽位，是爲失位。奇偶分而陰陽定位矣。自王肅注易，不定初上之位（王肅注小過象傳，以下順解初六、上逆解上六，是不從初上陰陽定位之說也。說詳見王肅周易注），至王弼遂明著其言於篇。王弼周易略例云：

位有尊卑，爻有陰陽；尊者陽之所處，卑者陰之所履也。故以尊爲陽位，卑爲陰位。去初上而論分位，則三五各在一卦之上，亦何得不謂之陽位？二四各在一卦之下，亦何得不謂之陰位？

（辯位篇）

去初上而論分位，故三五各在一卦之上，而二四各在一卦之下。考象傳言爻例，凡二五稱中。同人象傳云：「柔得位得中而應乎乾。」案同人☲☰（離下乾上），六二陰居陰位而居中，故云柔得位得中。上應九五，故云應乎乾。是二稱中也。无妄彖傳云：「剛中而應。」案无妄☳☰（震下乾上），九五陽居中，下應六二；故云剛中而應。是五稱中也。蓋二五各居上下卦之中；反之則五成二、二成五，仍居上下體之中；故二五稱中焉。王弼去初上而論分位，故云五在一卦之上，二在一卦之下；殊乖徵驗，亦悖傳例矣。略例辯位篇又云：

案象无初上得位失位之文。又繫辭但論三五、二四同功異位，亦不及初上。何乎？唯乾上九文言云：「貴而无位。」需上六云：「雖不當位。」若以上爲陰位邪？則需上六不得云不當位也，若以上爲陽位邪？則乾上九不得云貴而无位也。陰陽處之，皆云非位；而初亦不說當位、失位也。然則初上者，是事之終始；无陰陽定位也。故乾初謂之潛，過五謂之无位；未有處其位而云潛，上有位而云无者也。歷觀衆卦，盡亦如之。初上无陰陽定位，亦以明矣。

初上无陰陽定位，已見於王肅易注；然未嘗明揭其說，而究其所以然者。弼始詳著其義，而明其所據焉。經義考引項德棻云：「王輔嗣周易略例明象、辯位二篇，淵乎邃也。」（卷十）明象篇所以掃象，而辯位篇則去初上定位。項氏至以淵邃稱之，蓋實有取乎其說也。然細繹弼說，不能無疑也。吳沆易璇璣曰：

初上皆陰陽定位，而孔子特言其二四三五者，舉其二四三五也。孔子曰「舉一隅不以三隅反則不復也」，況其四乃不能明其二乎？故以二四同功，則上之爲陰可知也；以三五同功，則初之爲陽亦可知也。繫辭云：「分陰分陽，迭用柔剛；故易六位而成章。」（案此說卦傳文）則三極之道，互備陰陽；蓋昭然矣。若初上而无定位，則陰陽不得言分、剛柔不得迭用；而所以成章者，乃不過四位而已，何六之有？（初上定位篇第四）

全君卿論初上無陰陽定位曰：

若下繫之三章云：「六爻相雜，唯其時物也。其初難知，其上易知；初辭擬之，卒成之終。若夫雜物撰德，辯是與非；則非其中爻不備。」下章始有三與五、二與四同功異位之說。是亦先論初上之位矣。亦不言无位也。又繫辭云：「兼三才而兩之故六。」六者非他也，三才之道也。若只以居中四爻爲有位耶！則三才之道缺而不備矣。（周易義海撮要卷十二引）

王弼去初上而論分位者，蓋本於繫辭。繫辭傳云三五、二四同功異位，而不及初上；故去初上而論分位也。考繫辭言三五二四同功異位之前，已先論初上之位。王弼但截取所須，而去所不須，不免斷章取義矣。全君卿言之，王弼復起，無以置喙矣。蓋易兼三才而兩之，故云六位而成章；是三極之道，互備陰陽矣。若去初上而論位，則三才道毀，而六位成四矣。吳沆論之，可祛弼惑矣。繫辭云「非中爻不備」，去初上而言中爻，則所指者何？三四云乎哉？郭雍易說云：「初上雖爲始終，然居六畫之內，安得謂之无位？」（合訂刪補大易集義粹言卷二十五引）弼但執片言定論，而不能觀其會通；乃掇拾一二言似之例（乾上九文言云貴而无位，需上六云雖不當位），以實其論，宜其謬失矣。考

乾上九文言傳曰：「貴而无位。」

需上六象傳曰：「雖不當位，未大失也。」

乾上九云无位，需上六云不當位。弼遂取以證其說云：「若以上爲陰位邪？則需上六不得云不當位也。若以上爲陽位邪？則乾上九不得云不當位也。」（見前）史云王弼辭才逸辨，觀所論證；殆實詭論也。其說蓋从陰陽二分，以分證九六之无位、不當位；弊在偏舉而不周。故循其法而交錯論之，則所得適反；所以爲詭論也。茲交錯其論證云：

若以上爲陰位邪？則乾上九失位；故云貴而无位。

若以上爲陽位邪？則需上六失位；故云雖不當位。

是乾需之上九上六，特陰陽失位；非无陰陽定位也。夫詭論所以爭勝，然不足以論學也。蓋偏舉則遺，遺故不能周普其說耳。昔荀融難弼大衍之論。弼答其意，白書以戲之（魏志鍾會傳注引弼別傳）；見其爲人矣。案乾上九云貴而无位者，陽爻居陰，處失其位，故云无位也。（案或从初上无貴賤之位取義，說詳下文）需上六云不當位者，則從貴賤立言，非從陰陽爲說也。惠士奇易說云：「貴者天爵，位者人爵。上九（六）有天爵，无人爵。王弼云初上无陰陽正位，誤矣。」（皇清經解二〇九卷）上已過尊位，故无人爵；則无位者，无人爵之位也。程伊川易傳曰：

初居最下，无位者也。上處尊位之上，過於尊位，亦无位者也。王弼以爲无陰陽之位，陰陽繫於奇偶，豈容无也。然諸卦初上不言當位、不當位者，蓋初終之義爲大；臨之初九則以位爲正。若需上六云不當位，乾上九云无位；爵位之位，非陰陽之位也。（噬嗑初九傳）

蓋爻之言位，厥義有二。陰陽之分，繫於奇偶之數；故初三五爲陽位，二四上爲陰位。是陽陰分位一也（從此義則六爻陰陽定位。）繫辭上傳曰：「列貴賤者存乎位。」五爲君位，二三四爲臣位；而初上不與焉。是貴賤分位二也（从此義則初上无位）。清儒李光地論位云「借爻位以明分位之義。」（見周易通論位篇）謂借六爻陰陽之位，以明貴賤分爻之義。是爻位取義，有陰陽、貴賤之分矣。需上六云不當位者，不當貴賤之位；非謂无陰陽之位也。王弼「強彼合此，而謂初上無陰陽定位，不可通矣」（顧炎武日知錄卷一語）。夫爻以位取象，故有爻位之象（黃宗羲易學象數論卷三論原象有七而爻位之象與焉）。去初上而論分位，則易道闕矣。

考既濟彖傳曰：「剛柔正而位當也。」案既濟䷾（離下坎上），初三五陽居陽位，二四上陰居陽位，六爻皆正而位當；故云既濟。是初上有當位之說矣。漢上易傳云：「此以六爻當位，而言既濟也。」（卷六）安得云初上不說當位耶？未濟彖傳曰：「雖不當位，剛柔應也。」案未濟䷿（坎下離上），初三五陰居陽位，二四上陽居陰位，六爻皆處非其位；故云不當位。是初上有不當位之言矣。爻例初四、二五、三上，陰陽互異曰應。未濟初陰四陽、二陽五陰、三陰上陽，所以剛柔應也。故干寶注云：「六爻皆相應。」（集解引）若去初上而論位，則三四無所取應矣。豈未濟固不言三四哉！是知弼說之謬也。

〔附論一〕屈師翼鵬嘗論彖象傳例，謂需上六云不當位者，位字實爲衍文。先秦漢魏易例述評曰：『按彖象傳言當位不當位，其例至顯。獨需上六，本爲當位，而象傳乃有「雖不當位」之言，大悖厥例。疑位字爲羡文。蓋經言：「有不速之客三人來，敬之終吉。」不速之客，本不當敬。故象傳釋之曰：「不速之客來，敬之終吉。雖不當，未大失也。」不當，謂敬之不當。若著位字，則費解矣。』（卷上）此从衍文證需上六非无位也。

〔附論二〕需象傳曰：「位乎天位。」上位字，鄭玄讀爲涖（見釋文）。明朱睦㮮周易稽疑位於无位條、清惠棟九經古義卷二，並从鄭讀。是上位字爲涖之誤也。李富孫易經異文釋云：「位乎天位。釋文云位乎之位，鄭音涖。唐石經乎作于。案周禮肆師注云故書位爲涖。杜子春云涖當爲位，書亦或爲位。穀梁僖三年：公子季友如齊涖盟。傳曰涖者，位也（文七年昭七年傳並同）。范注云：盟誓之言素定，今但往其位而盟。廣雅云：位，涖也。是涖與位通。釋文涖又音類，合音亦最近。」（卷一）需上六象傳云：「雖不當位，米大失也。」位字當爲涖，蓋涉象傳位乎之位字而誤也。不當涖者，需上六云「有不速之客三人來。」不速之客，本不當來；故象傳以「不當涖」釋之。云雖不當涖，然未有大失也。

王弼掃象斥數，暢以義理；後人樂其說之簡且便也，故弼注行，而漢學廢矣。說者謂弼以十翼說經，眞費氏家法也。今考王弼周易注例，多本象傳爲說；亦可得而言也。

㈠承乘之例。

師䷆六三爻辭王弼注曰：「以陰處陽，以柔乘剛；則進无應，退无所守。以此用師，宜獲輿尸之凶。」

噬嗑䷔六三爻辭王弼注曰：「處下體之極，而履非其位。……然承於四，而不乘剛。雖失其正，刑不侵順。」

王弼略例曰：「承乘者，逆順之象也。」又曰：「辯逆順者，存乎承乘。」（明卦適變通爻）陰在陽上曰乘，乘則爲逆；陰在陽下曰承，承則爲順；故邢璹注云：「陽乘於陰，逆也；陰承於陽，順也。」又云：「陰承陽則順，陽乘陰則逆。」是承乘者，所以辨逆順也。師六三以柔乘剛，故有凶逆；噬嗑六三以陰承陽，故云不侵順。

㈡比應之例。

比䷇六三爻辭王弼注曰：「四自外比，二爲五應；近不相得，遠則无應。所與比者，皆非己親；故曰比之匪人。」

屯䷂上六爻辭王弼注曰：「處險難之極，下无應援，進无所適。」

王弼略例下曰：「凡陰陽二爻，率相比而无應，則近而不相得；有應則雖遠而相得。」比之六三，上比於四，而四自外比；下比於二，而二與五應。是二四雖近己，然各有比應；故近而不相得也。屯上六下與三應，然兩陰不相與；故云下无應援。考同人䷌六二注云：「應在乎五。」六二上應九五，是雖遠亦相得也。故云「近不必比，遠不必乖。」（明爻通變）

㈢據附之例。

遯䷠九三爻辭王弼注曰：「在內近二，以陽附陰，宜遯而繫；故曰繫遯。遯之爲義，宜遠小人。以陽附陰，繫於所在；不能遠害，亦已憊矣。」

困䷮六三爻辭王弼注曰：「三以陰居陽，志武者也。四自納初，不受己者。二非所據，剛非所乘。上比困石，下據蒺蔾，无應而入焉。」

王弼略例曰：「弱而不懼於敵者，得所據也。憂而不懼於亂者，得所附也。」（明卦適變通爻）遯九三以陽附陰，附非所附也；故不能遠害。困六三下據蒺蔾，據非所據也；故經云凶也。邢璹注云：「師之六五爲師之主，體是陰柔，禽來犯田，執言往討，處得尊位；所以不懼也。遯九五嘉遯貞吉。處遯之時，小人浸長；君子道消。逃遯於外，附著尊位，率正小人，不敢爲亂也。」則以本爻所處之位爲據爲附；故於師六五云處得尊位；於遯九五云附著尊位。五本尊位，而以處附言之；是以本爻之所居爲據爲附也。驗諸弼注，蓋據於他爻之謂據；附於他爻之謂附。邢氏言據附云云，殊失弼義。

爻之有乘據應例，發端於易傳；而鄭、荀諸儒，並皆依用。象言應者十七（詳見惠棟易例卷二），言乘者五（乾象辭、夬象辭、歸妹象辭、渙象辭、中孚象辭），而困六三爻辭曰：「據于蒺蔾。」象傳曰：「據于蒺蔾，乘剛也。」是據例發於象傳也。陰在陽上曰乘，反其象則承；親於遠曰應，近求爲比；乘剛爲據，反據則附。蓋實一義相引，義相互足；皆本於象象也。皮錫瑞經學通論曰：「王弼盡掃象數，而獨標卦爻承應之義；蓋本費氏以象象繫辭文言解經。」（第一册易經）昔人有取於弼者，以得費氏家法而以十篇說經也。清儒陳氏蘭甫嘗爲疏說矣。

陳澧東塾讀書記曰：

乾元亨利貞。初九潛龍勿用。王輔嗣注云：「文言備矣。」（大有上九自天祐之吉无不利，王注云繫辭具焉。繫辭下兼三才而兩之，韓注云說卦備矣。解上六公用射隼于高墉之上，朱子本義云繫辭備矣。本義又屢稱程傳備矣。皆學王輔嗣之法也。）九二見龍在田。注云：「出潛離隱，故曰見；龍處於地上，故曰在田。」此眞費氏家法也。元亨利貞之義、潛龍勿用之義，文言已備；故輔嗣不復爲注。至見龍在田，象曰：「德施普也。」文言曰：「龍德而正中者也。」又曰：「時舍也。」皆未釋見字田字。故當爲之注，而又不可以意而說也。文言曰：「潛之爲言也，隱而未見。」潛爲未見，則見爲出潛矣；潛爲隱，則見爲離隱矣。故輔嗣云：「出潛離隱。」據彼以解此也。（朱子本義亦云出潛離隱，亦以此語之精密；故承用之也。）繫辭傳曰：「兼三才而兩之。」故易六畫而成卦。是五與上爲天，三與四爲人，初與二爲地。初爲地下，二爲地上，故輔嗣云：「處於地上也。」此眞以十篇解說經文者。若全經之注皆如是，則誠獨冠古今矣。（卷四）

夫以十翼說經，依傳申例；此弼注之長也。故三例而外，若以二五爲中（蒙九二爻辭王注云：「以剛居中。」泰六五爻辭王注云：「履中居順。」）以二體明義（王弼略例下云：「卦體不由乎一爻，則以二體之義明之；䷶豐卦之類是也。」案彖傳曰：「明以動故豐。」豐䷶離下震上，震動離明，故云明以動。是以二體明卦得豐之義也。）皆原本傳例；而卦主之說、存時之義，尤見弼注所據。唐人纂修正義，以爲輔嗣之注，獨冠古今；故云義理可詮，先以輔嗣爲本（請參閱孔穎達周易正義序）。

蓋取其原本十翼，例明而有據也。王應麟嘗錄輔嗣注二十三條云：「輔嗣之注，學者不可廢也。」（困學紀聞卷一）而伊川程氏教學者先觀王弼易注（見語錄易綱領），實深取其說也。

六、王弼易學之批評及其辨正

夫自王弼注易，而易儕老莊；掃象譏互，而易象寖息。爰夫易老之說，義有可以通者；物極則反是也。有必不可通者，有無異疇是也。象數之學，有可以掃者，術占之知來是也。有必不可掃者，推易之證卦是也。王弼注易，資无規有，是通其不可通者也；斥數掃象，是掃其不可掃者也（案王弼實不知象數有占說災異及證驗辭卦一體之二支，故舉而掃之，是並其不可掃者而掃之矣）。蓋直發胸臆，以意之所在爲易；故雖辭才逸辨，麗辭溢目；不足以袪後人之惑也。故弼注行，而爭端啓矣。晉元帝踐祚，議置周易王氏。荀崧上疏，以爲不可；請置鄭易（見晉書卷七十五荀崧傳）。自是易有鄭王二家，而論難迭起。

魏志鍾會傳注引孫盛曰：

> 易之爲書，窮神知化；非天下之至精，其孰能與於此。世之注解，殆皆妄也。況弼以附會之辨，而欲籠統玄旨乎？故其敍浮義，則麗辭溢目，造陰陽則妙頤無閒。至於六爻變化，羣象所效，日時歲月，五氣相推；弼皆擯落，多所不關。雖有可觀者焉，恐將泥夫大道。（見何劭撰王弼

別傳）

孫盛善言名理，嘗著易象妙於見形論，並斥逆占知來之妄（案余另有專文論述）；是不膠住成說，而同於弼尙矣。然譏弼擯落象數，泥夫大道；是晉人攻駁弼易之首見於載籍也。自茲以降，坦分左右，爭端時起。宋書載晉陵顧悅之難王弼易義四十餘條，康之申王難顧，遠有情理（宋書卷九十三關康之傳）；而王儉答陸澄書云：「易體微遠，實貫羣籍。施孟異聞，周韓殊旨；豈可專以小王便爲賅備。」（南齊書卷三十九陸澄傳）是以王注雖盛，而鄭義不廢。唐人纂修正義，獨宗弼注，而諸說並廢矣。孔穎達周易正義序曰：

漢儒傳易者，西都則有丁孟京田、東都則有荀劉馬鄭；大體更相祖述，非有絕倫。惟魏世王輔嗣注，獨冠古今；所以江左諸儒並傳其學，河北學者罕能及之。其江南義疏十有餘家，皆辭尙虛玄，義多浮誕。……今既奉勑刪定，必以仲尼爲宗；義理可詮，先以輔嗣爲本。

洎乎有宋，義理益鬯；而圖書之說興。有清一代，闢陳邵之圖，而象數之學盛。鬯義理者，務崇王弼；復象數者，發覆漢義，此起彼抑，紛紜莫一；蓋好尙殊旨，不能執一端論也。述王氏易學批評。

(一)批　評

掃象譏互，弼易之獨詣也。然篤守未純，時襲舊說；是不能無憾也。焦循周易補疏序云：「（王弼）知卦變之非，而用反對（案王弼略例明卦適變通爻篇曰：「故卦以反對，而爻以皆變。」注鼎象

「柔進而上行」云：「謂五也。」即用反對也）；知五氣之妄，而信十二辟，唯之與阿，未見其勝也。」是以掃象而用象，譏互體而用互體；陰襲陳義，渾爲己說（案弼之易學，源於劉表，而實根本於王暢；蓋實有窺於象數藩籬也。請參閱三國志鍾會傳裴注引博物記、焦循周易補疏敍）；亦可得而言也。

掃象而用象，譏互而用互一也：

䷔噬嗑彖傳王注曰：「頤中有物，齧而合之，噬嗑之義也。」

䷯井象傳王注曰：「木上有水，井之象也。」

䷶豐象傳王注曰：「文明以動，不失其情也。」

案噬嗑外剛而內虛柔有物，是噬嗑之象也。王注頤中有物云云，用象也。井（巽下坎上），坎水巽木；水在木上，井之象也。王注木上有水云云，用象也。豐（離下震上），震動離明，豐之象也。王云文明以動云云，用象也。王炎讀易筆記云：「木上有水爲井，以木巽火爲鼎，上止下動爲頤，頤中有物爲噬嗑。此四卦雖弼不能削去其象也。夫六十四卦等耳，豈有四卦當論其象，六十卦可略而不議乎？」（自序）易者，象也；失象則無易。王弼固嘗著二體明義之例，奈何必掃象而譏互乎？王應麟輯周易鄭注云：

王弼尚名理，譏互體；然注睽六二（案二應爲三）曰：「始雖受困，終獲剛助。」睽自初至五成困。此用互體也。弼注比六四之類，或用康成之說。（自序）

睽䷥（兌下離上），初至三爲兌，三至五互坎。兩象移易，則坎下兌上，其卦爲困。故云自初至五成困。是用互體，而兼用兩象易也。（又注震九四爻曰：「處四陰之中，居恐懼之時，爲衆陰之主。」云處四陰之中，仍用互體爲說，見焦循周易補疏。）朱熹著易本義，不信互體之說；而解大壯六五云：「卦體似兌，有羊象焉。」變互言似，猶是互體之法也。（請參閱拙作虞翻易學研究五互體說）案六十四卦稱羊者三：

夬九四卦辭曰：「臀无膚，其行次且，牽羊无悔，聞言不信。」

歸妹上六卦辭曰：「女承筐无實，士刲羊无血。」

大壯六五卦辭曰：「喪羊于易，无悔。」

夬䷪乾下兌上，歸妹䷵兌下震上。二卦皆有兌體。說卦傳云：「兌爲羊。」故有羊象焉。是易卦用象，取之有所由；不容疑斥矣。大壯䷡乾下震上，三至五互兌，兌爲羊；故六五有羊象。是易卦著象，互體存焉。（案大壯九三、九四亦稱羊者。洪邁云：自復之一陽推而上之，至二爲臨，則兌體已見；故九三曰：「羝羊觸藩，羸其角。」言三陽爲泰而消兌也。自是而陽上進，至於乾而後已。六五喪羊于易，謂九三、九四、六五爲兌也。上六復觸藩不能退，蓋陽方夬決，豈容上兌儼然乎？九四中爻亦本兌，而云不羸者，賴震羊之壯耳。見容齋隨筆「兌爲羊」條）。王弼掃象而用象，譏互而用互；是不能篤守己說，而堅於自信矣。

陰襲卦變爲說二也：

渙象傳王注曰：「二以剛來而不窮於險，四以柔得位於外而與上同。內剛而无險困之難，外順而无違逆之乖，是以亨。」

此從卦變取義也。考虞翻卦變之說，有三陰三陽之卦自泰否例。否䷋（坤下乾上），四之二成渙䷺（坎下巽上）；故虞翻注渙卦曰：「否四之二成坎巽，天地交故亨也。」（周易集解引）渙九二自否九四來，由外入內；故王注云二以剛來。渙六四自否六二來，由內而外；故王注云四以柔得位於外。一從否四之二爲說，特不言卦自否來耳。焦循周易補疏云：

循按王氏此（渙）注，亦用卦變否四之二之例；而諱言自否卦來。卦變之說，誠於義無所取。然王氏知屏之，而不能深測羲文周孔之本義所在；遂終不能出其樊籠，則亦徒有洗滌之心，究乏貫通之力，陽違之而陰用之，亦何謂乎？（皇清經解卷一千一百四十八）

焦循說易，知比例之義，出於相錯；升降之妙，見於旁通；變化之道，取於時行（見易圖略敍目）；而以通說全經，號爲重鎭。不知三者亦莫非卦變也，而獨排先儒卦變之說，見其私心抑仰矣。王船山云：「彖傳言卦變者十五。」（周易內外傳發例）蓋以爻位之變易，明卦理之異同；所以有貴乎卦變也。王弼陰襲卦變之例，而不知虞氏卦變特一爻動而見義；乃云二剛來，以明「不窮」之義；又以四柔之行，見「位外而上同」之說。是兼用二爻，而混用荀氏爽之例矣。（虞氏卦變特一爻動而見義，荀爽卦變兼用二爻；是其異也。請參閱拙作「蜀才易學研究」——三、荀虞卦變之整合。）故又有升降之說：

王弼注觀六二卦辭云：「猶有應焉，不爲全蒙，所見者狹；故曰闚觀。」

王弼注觀九五卦辭云：「上之化下，猶風之靡草；故觀民之俗，以察己之百姓。有罪在於一人，君子風著，己乃无咎。」

荀爽易說，有陽升陰降之義。王弼依用其例，襲焉而不著：里堂焦氏，嘗發其覆矣。周易補疏曰：

循按觀本蒙二升五之卦。蒙已成觀，故不爲全蒙。此荀爽二五升降之義，王氏陰用之。

又曰：

王氏此（觀九五）注，全用二五升降爲說。己指五，己之謂蒙二之五。蒙二之五，上乃成巽爲風著。雜卦傳云「蒙雜而著」，著字用此。在蒙上無巽風，蒙二之五巽風乃著。風著於上，五乃成君子无咎；故云己乃無咎（皇清經解卷一千一百四十七）

案蒙䷃（坎下艮上），二升五爲觀䷓。蒙變成觀，故不爲全蒙也。觀䷓坤下巽上，巽爲風；故云蒙二之五巽風乃著。風著於上，君子之象也；故注云「上之化下，猶風之靡草」。是其義也。王弼既竊虞氏「之卦」之說，復襲荀氏陽升陰降之義；而隱晦所據（王弼注賁象傳云坤之上六來居二位、乾之九二分居上位云云，亦本荀氏賁自泰來爲說，特不言泰耳，說見李道平周易集解纂疏卷四），宜其見疵後世也。

陰用五行說易三也：

中孚六三卦辭王注曰：「三居少陰之上，四居長陰之下，對而不相比，敵之謂也。」

此陰用五行說也。

漢上易叢說曰：

王弼云卦變不足，推致五行。然釋中孚六三曰三四居陰。金木異性，木金云者五行也。五行乾兌爲金、坤艮爲土、震巽爲木，唯坎水離火不二；中不可以二故也。天氣積而爲金，以位言也。兌位西、乾位西北，自東言之。震木生離火，離火生坤土，坤土生兌乾金，兌乾金生坎水。艮止也、土也，萬物之終始也。（通志堂經解第一册）

中孚☴☱（兌下巽上）。兌爲金，位在西方；巽爲木，位在東方。東西相對，金木異性；是兌巽相敵也。王弼陰襲其義，故云：「對而不相比，敵之謂也。」特削其金木之目，附以說卦爲言；故易爲所欺耳。說卦傳云：「巽一索而得女，故謂之長女。」又云：「兌三索而得女，故謂之少女。」中孚六三在下兌之上，故注云三居少陰之上；六四在上巽之下，故注云四居長陰之下。夫三四相比，少長相附；乃云敵對不比，非其義也。蓋陰用五行之說也。孔穎達正義曰：「六三與四俱是陰爻，相與爲類。然三居少陰之上、四居長陰之下，各有應對而不相比；敵之謂也。」正義知三四爲類，不可敵對是矣。然謂三四兩爻各有應對，以明王氏「對而不比」之說；則不免曲爲疏說矣。考王弼易例，初上無位；故云「去初上而論分位。」（易略例辯位）若三四各有應對，則初上定位；明非弼義也。

夫易不言五行，以五行入易，殆術者之術；非爲易設也。唐李淳風周易玄義載八卦六位圖（李氏圖見火珠林引），即以八卦分隸五行，而以干支分納諸爻；因成六位之配（說詳見拙作「干寶易學研究」）。說者謂即京房遺法，蓋實納甲之衍用例；所以占說災異，無與易理也。王弼襲以說易，見其予奪之疏矣。

㈡辨　正

王弼掃象數，而陰用象數；是以後人疵之，良有以也。焦循補疏弼注，發覆隱義；而竊襲之跡，昭然若揭矣。然弼之學，遠有本源；非僅逞臆耳。魏志鍾會傳裴注引博物記曰：

> 初，王粲與族兄凱，俱避地荊州。劉表欲以女妻粲，而嫌其形陋而用率；以凱有風貌，乃以妻凱。凱生業，業即劉表外孫也。蔡邕有書近萬卷，末年載數車與粲。粲亡後，相國椽魏諷謀反，粲子與焉。既被誅，邕所與書悉入業。業字長緒，位至謁者僕射。子宏字宗，司隸校尉；宏，弼之兄也。（卷二十八）

觀記所載，則弼之學實原於劉表，而上窺王暢也。焦循周易補疏敍曰：「東漢末，以易學名家者，稱荀、劉、馬、鄭；荀謂慈明爽，劉謂景升表。表之學受於王暢，暢爲粲之祖父，與表皆山陽高平人。粲二子既誅，使業爲粲嗣；然則王弼者，劉表之外曾孫而王粲之嗣孫；即暢之嗣元孫也。弼之學，蓋淵原於劉而實根本於暢。」考隋志載劉表周易章句五卷，張惠言易義別錄云：「其義於鄭爲近，大要兩家（劉表、宋衷）皆費氏易也。」（周易宋氏劉氏序錄）是王弼之學，遠有端緒矣。故其說易，雖參以己見，而以六書通借解經之法（如讀彭爲旁，借雍爲甕，通孚爲浮而訓爲務躁，解斯爲廝而釋爲賤役），尚未遠於馬鄭諸儒（見焦氏周易補疏敍）；猶不失漢儒矩矱也。故解箕子明夷，則用趙賓荄滋之說（見易通釋卷十三）；特正義不能疏闡之爲憾耳。是弼注雖陰用象數之學，亦多誤解於後儒之比附；則又不能無說也。以今考之，則有誤以六日七分說比附弼注者：

復象傳王弼注曰：「陽氣始剝盡，時凡七日。」

孔穎達疏王氏注曰：「陽氣始剝盡，謂陽氣始於剝盡之後，至陽氣來復時，凡經七日。……亦用易緯六日七分之義，同康成之說；但於文省略，不復具言。……剝卦陽氣之盡，在於九月之末。十月當純坤用事，坤卦有六日七分，坤卦之盡，則復卦陽來，是從剝盡至陽氣來復，隔坤之一卦六日七分，舉成數言之，故輔嗣言凡七日也。」（周易正義卷三）

卦氣之術，以坎震離兌爲四正卦，卦有六爻；四卦二十四爻，故分主二十四氣。餘六十卦，值三百六十五日又四分之一；故每卦值六日七分，說者謂即孟喜卦氣之術也（案六日七分凡有三說，說詳見拙作「今存南北朝經學遺籍考」第一章第二節）。孔穎達取以疏說王注，是謂王弼陰用卦氣六日七分之術矣。然其說不能無疑也。蓋卦值六日七分，若必舉成數以七日爲言；則卦氣值日之術亂矣。弼若從六日七分爲說，則不宜取七日爲言；旣云時凡七日，是毀棄六日七分矣。孔疏謂舉成數爲言，殆臆說耳。宋儒王昭素、王洙、宋咸諸儒始著論非之；而胡旦復駁難王、宋諸說。衆說紛紜，莫衷一是；具見朱震周易卦圖卷下。考先儒解「七日來復」多不從六日七分之說：

子夏易傳曰：「極六位而反於坤之復，其數七日；其物陽也。」

京房曰：「六爻反復之稱。」

陸績曰：「六陽涉六陰又下，七爻在初；故稱七日。日亦陽也。」

虞翻曰：「消乾六爻爲六日，剛來反初。」

以上並見漢上朱氏引。周易卦圖曰：「（先儒）皆以陽涉六陰，極而反初爲七日。」（卷上）說者因謂陽氣自剝（䷖）盡始，即轉入坤（䷁），經坤六爻而至復（䷗）初，凡有七日，亦似是而實非矣。蓋易氣由下而上，剝（䷖）盡入坤（䷁），陰消至上；故一陽息於下成復（䷗）。是由坤至復，特一陽之息；無須經坤之六爻也。若謂陽息必經坤之六爻而至復，是復有兩至矣；豈其然哉？

藍田呂氏曰：

陽自姤始消，盡剝六陽以爲坤，然後復；故七日也。（合訂刪補大易集義粹言卷二十八）

龜山楊氏易說曰：

七日謂自姤至復也。姤陰始生也，陰生則陽消矣；故七日而後復。（同上）

易氣由下而上，故陰動於下爲姤䷫，而遯䷠而否䷋而觀䷓而剝䷖而坤䷁；陰消之卦也。陰盛而衰，故陽動於下爲復䷗，而臨䷒而泰䷊而大壯䷡而夬䷪而乾䷀；陽息之卦也。陰陽消息，而諸卦以成；此自然之理也。（案孟喜以消息卦配十二月，而演其卦氣之術；所以占說災異，非爲易設也。）王弼注云：「陽氣始剝盡，時凡七日。」陽消而陰生，陰始生爲姤；陽剝盡於坤。由姤至坤而入復，凡歷七卦；故云七日。正義以卦氣六日七分之術疏釋王注，失之誣矣。四庫全書總目提要曰：「今觀其（王弼）書，如復象七日來復，王偶用六日七分之說；則推明鄭義之善。」

殆孔氏俑始之過也。又有誤以爻辰、月卦說比附弼注者：

坤上六卦辭王弼注曰：「陰之爲道、卑順不盈；乃全其美盛而不已。固陽之地，陽所不堪；故戰于野。」

焦里堂補疏王氏注曰：「案正義解固爲占固，謂陰去則陽來。陰乃盛而不去，占固此陽所生之地；故陽氣之龍與之交戰。然陽之地，則未實指何所。竊謂王氏暗用鄭、荀之說也。荀爽云：「消息之位，坤在於亥，下有伏乾。」蓋坤爲十月之卦，其辟在亥。以卦位言之，乾處西北，是亥爲乾之地而坤辟之；此乾所以不堪而戰也。鄭氏以爻辰說易，坤初貞未、二貞酉、三貞亥、四貞丑、五貞卯、上貞巳。乾辟於巳，則坤上爻實爲乾之地，而坤爻據之；又乾所以不堪而戰也。王氏用荀、鄭之說而渾其辭爲固陽之地，不然坤之上六何以爲陽之地乎？（周易補疏）

王弼陰襲荀爽消息之位、鄭玄爻辰之說，而渾其辭，以成其固陽之義。焦氏疏之，義無遺蘊矣。然實巧爲穿鑿，恐非弼意也。熊十力氏固嘗辨之矣。讀經示要曰：「正義解固爲占固，亦失注意。蓋固者錮蔽（論語「學則不固」孔曰「固，蔽也。」）固陽之地者，地即指坤之上爻。何必取術數家消息之云云、及爻辰云云乎？以干支及六位、月分等等，穿鑿立說，有何義據？夫坤上爻，陰盛已極也。陰盛極則消陽。消者消滅。陽非可滅，但爲陰所錮蔽而不得顯，便謂之滅耳。陽性剛健，任陰之消，必非所堪忍。故必戰於陰。」（卷三）案固爲蔽固，見於孔注。說卦傳云：「坤爲地。」是坤之上六有地之象焉。固陽之地者，謂錮陽之坤也（上六）。坤上六蔽錮乾陽，非所堪忍；故戰於野也。王弼固陽之注，義至明暢。正義以固爲占固，是增字加注；非其解矣。焦循遂執占固義疏說，雖妙爲發覆；非弼意也。考文選求通親表曰：「禁固明時。」李善注云：「固與錮通。」錮者，蔽塞也（見後漢書延篤傳注）。熊氏以固爲錮蔽是矣。徧考書傳，未嘗有以占釋固者；有之則自正義始也。焦循易學，戛戛獨造，世推一人；然蔽於正義之說，是不知固也。

蓋易道萬變，易爲巧附。是以注云七日，而有六日七分之譏；說固陽，則來爻辰、消息之斥。七日、固陽，詞明義顯，而說者多歧；所以爲王氏者；亦難矣哉！

又有誤以辟卦說比附弼注者：

臨彖傳王弼注曰：「八月陽衰而陰長，小人道長；君子道消也。故曰有凶。」

孔穎達疏通王氏注曰：「今案此注云：『小人道長，君子道消。』宜據否卦之時。故以臨卦建丑，而至否卦建申爲八月也。」（周易正義卷三）

考十二辟卦值月之說，本孟喜卦氣之術（說詳見屈師先秦漢魏易例述評卷下）。臨卦建丑十二月，至否卦建申爲七月；而孔疏云否卦建申爲八月者，焦循周易補疏云：「王氏以八月指否所辟月，夏之七月，殷之八月也。文王用殷正，故以否所辟之月爲八月。小人道長，君子道消；即用否卦傳，以明八月爲否也。」夏之七月爲殷之八月，故否卦建申爲八月矣。

自正義以辟卦疏注，後人遂從辟卦論之。（臯聞張氏謂蜀才以卦爲否者，同於王弼；亦正義啓之耳。見易義別錄卷四。）然不能無疑也。王注云八月陽衰而陰長。若八月指否所辟之月，則否䷋卦三陽三陰，安有衰長之象？若謂否之陽衰陰長，乃由陰來陽去而見；則一陰動於下，由姤䷫而遯䷠而否䷋而觀䷓而剝䷖而坤䷁。凡此六卦，莫非陽衰陰長，而皆有「小人道長，君子道消」之象；豈特否之一卦乎？屈師翼鵬嘗駁焦氏說曰：「里案焦說非是。八月陽氣漸衰，陰氣漸長，此驗諸氣候如此，非謂本於否卦也。陽爲君子，陰爲小人；陽衰陰長，即小人道長，君子道消之象，豈必取乎否卦傳哉？」（述評卷下）考辟卦值月之術，臨卦建丑十二月，至否卦建申，宜爲七月。孔、焦從殷正，故云八月；是殷之八月爲夏之七月也。詩豳風七月曰：「七月流火，九月授衣。」（一章）毛傳云：「火，大火也。流，下也。」大火西流，盛陽將退之候也。夫將退之際，陽暑仍在；陰實未長也。（五章云：「七月在野，八月在宇，九月在戶，十月蟋蟀入我牀下。」七月陽暑仍在，故在野也。）故下云九月授衣，毛傳云：「九月，霜始降，婦功成；可以授衣矣。」是九月始霜也。易坤初六爻曰：「履霜堅冰至。」）一陰動於下，始凝爲霜；是凝霜爲陰長之象。故九月授衣；陰長於九月也。豳風七月，依用夏正（見梁啓超要籍解題）；是夏之七月（即殷之八月）不可謂陽消而陰長矣。蓋王注云八月者，即詩「八月在宇」之八月；用夏正也。八月陽已退而陰始動，故蟋蟀由野而宇。九月始霜而陰長，故蟋蟀在戶；而家人授衣矣。焦氏謂夏之七月云云，實乖徵驗矣。

叄、蜀才易學研究

三國易學，南北殊尚。大抵言之，「北士傳馬、鄭而習費易；吳蜀則守孟、京而薄馬、鄭。」（錢基博經學通志語）費氏古文，義多別陳；孟顓術數，說亦詭異。異習殊尚，所以南北互乖也。然二派之學，同趨推象通辭；固皆不違象數藩籬也。蓋殊塗同歸，實肇二家融通之端焉。蜀才承流推演，而從違有斷，不拘一法；故其說易，取荀爽（費氏學）升降之義，爲虞翻（孟氏學）卦本之說（胡秉虔著卦本圖考，嘗云漢儒卦變，多云此本某卦、或云此卦本某；故以卦本命篇，曰卦本圖考云）；是通殊尚而一之也。蓋亦末派所趨，顓尚途窮矣。述周易蜀才氏義。

一、疑年事蹟考略

蜀才，史傳無考，年籍未詳。阮孝緒七錄云：「未詳何人？」或云王弼後人，或疑蜀之譙周。顏之推家訓云：「易有蜀才注，江南學士遂不知爲何人？王儉四部目錄不言姓名，題曰王弼後人。謝炅、夏侯該並讀數千卷書，皆疑是譙周；而李蜀一名漢之書云：『姓范名長生，自稱蜀才。』」南方以晉家渡江後，北間傳記皆名爲僞書，不貴省讀；故不見也。」（書證篇）考三國注弼無子嗣，王儉之言未可典據。譙周，蜀志有傳。云：「凡所著述，撰定法訓、五經論、古史考書之屬百餘篇。」而不言有易學之作。隋書經籍志著譙周五經論，題云五經然否論。今考馬國翰輯本，亦不見有說易之文；則疑爲譙周云者，亦乖徵驗矣。成都王李雄嘗迎拜范長生爲丞相，尊曰蜀賢（見崔鴻十六國春秋蜀錄），與顏氏所引李蜀書云「姓范名長生，自稱蜀才」云云，實相脗合。蓋自號蜀才，尊稱蜀賢；是蜀才云者，殆即范長生也。

長生史書無傳，事蹟散見晉書李雄傳、魏書李雄傳、常璩華陽國志、崔鴻十六國春秋蜀錄、資治通鑑晉紀諸書。茲據諸家載記，掇拾刪綴，爲之傳略云。

蜀才（二二四—三一八），姓范名長生。一名延久，又名九重，一曰支，字元壽。涪陵丹興人也。善習天文，有術數；蜀人奉之如神。嘗隱居青城山，自號蜀才。李雄克成都，以西山（青城山）范長生巖居穴處，求道養志，欲迎立爲君而臣之；長生固辭，曰：「推步大元，五行大會甲子，祚鍾於李，非吾節也。」雄乃深自挹損，不敢稱制。永興元年（三〇四），雄僭號成都王。長生自西山乘素輿詣成都，雄迎之於門，執版延坐，拜爲丞相，尊曰蜀賢（通鑑作范賢）；故又名賢。長生因勸雄即眞。光熙元年（三〇六），雄即帝位，國號大成，改元曰晏平。加范長生爲天地太師（華陽國志云：「尊長生曰四時八節天地太師。」茲從晉書載記），封西山侯。復其部曲，不豫軍征稅賦。太興元年（三一八）卒於官，年近百歲（考資治通鑑卷九十，范長生卒於元帝太興元年夏四月，云年近百歲。斷以九十五之數，逆推計之；則當生於後主建興二年——二二四——前後。萬斯同僞成將相大臣年表，則云卒於太興二年。陳楙仁壽者傳云：「至李特時，年一百三十餘歲。」引見馬國翰輯本序。茲從通鑑）。雄以長生子侍中賁爲丞相云。

二、一陰一陽自夬剝補例

蜀才說易之作，有周易注一帙。史志著錄，同云十卷。隋唐志、陸氏釋文並題蜀才注，蓋以號行世也。宋志闕如，殆亡於趙宋之際。釋文、集解，間載其說。清儒依輯爲卷，凡得孫堂輯蜀才周易注一卷（見漢魏二十一家易注）、馬國翰輯補張澍所輯周易蜀才注一卷（馬氏輯本序云：「武威張太史澍嘗從釋文及李氏集解所引輯爲一卷，載入蜀典。今據校錄，偶有遺漏，悉爲補之。見玉函山房輯佚書）、黃奭輯易注一卷（見黃氏逸書考），而張惠言輯述蜀才易義（見易義別錄），剖判異同，要言而不煩，可資探賾也。

蜀才說易，卦變是尙。蓋象數易學，旨在推象通辭；而推通之道，則莫尙於卦變也。夫自京房創說爻變，而卦變之例興。洎乎虞氏，承衍其說，爰推六十四卦消息升降，以爲十二消息卦出於乾坤；而諸卦則出於消息卦也。因造爲二陽四陰之卦，來自臨、觀例；二陰四陽之卦，來自遯、大壯例；三陰三陽之卦，來自泰、否例。以爲推象通辭所以可行之底據。然雖密實疏，間見闕略；所以待蜀才之補苴也。

䷆師卦彖辭蜀才注曰：「此本剝卦也。案上九降二，六二升上；是剛中而應，行險而順也。」（集解引）

䷌同人卦彖辭蜀才注曰：「此本夬卦。九二升上，上六降二；則柔得位得中，而應乎乾。下奉上之象，義同於人；故曰同人。」（集解引）

虞氏卦變，獨缺一陰（五陽）、一陽（五陰）自復剝、姤夬例；而師、同人、大有三卦注闕。蜀才遂援一陰、一陽之例，以師本剝、同人本夬之說，補其二卦。蓋依消息升降，則一陽之卦自剝來，故云此本剝卦；一陰之卦自夬來，故云此本夬卦也。虞氏易學，戛戛獨造。然其卦變一例，殆爲未定之說；闕以存疑，是其愼也。蜀才踵武前修，爲一陰一陽自夬剝補例，亦承衍必至之勢；實無損虞氏學也。清儒張氏皐聞撰周易虞氏消息，嘗爲虞氏辨云：「復、姤、夬、剝無生卦，陰陽微不能變化。」（皇清經解卷一千二百十七）則是六十四卦相生，不當有一陰一陽之例也。胡氏祥麟復申其說，而祥著其義焉。

胡祥麟虞氏易消息圖說曰：

復䷗，此下無生卦者，復陽七不能生物也。與姤旁通。剝䷖，剝之下無生卦，乾元退處于上，不能生卦也。姤䷫，姤不能生卦，其陰微也。姤之陰八，巽八也。夬䷪，夬下無生卦，陰爲陽夬，不能生也。」

蓋以陰陽老少，九六爲動，七八爲靜之說，藉明復、姤下無生卦；所以獨缺一陰一陽之例也。然比易緯之說，非虞氏義也。乾鑿度云：「陽動而進，變七之九；陰動而退，變八之六。」案七爲少陽，九爲老陽，陽盈也；八爲少陰；六爲老陰，陰盈也。盈極則變，理之常也；故七八者陰陽之靜也，九六者陰陽之動也（沈該易小傳序）。是其義也。張、胡二氏竊襲易緯之義，用證夬、剝之下無生卦，以排蜀才一陰一陽自夬剝例；是不足以非難蜀才氏也。考焦贛易林，一卦變爲六十四卦，已見一陰一陽之例；故李恕谷周易傳註曰：「漢焦延壽有一陰一陽自姤、復，五陰五陽自夬、剝之說。」（論卦變）而虞氏注豫卦云：「復初之四。」是豫由復來也。張謂陰陽微不能生卦，胡謂復陽七不能生物云云，洵爲臆說；固無妨蜀才之補例也。

毛奇齡著仲氏易，謂師卦二易，一自復來、一自剝來，云：「蜀才但言自剝來，而不知有復，便不能盡合。」（皇清經解卷九十四）又言同人二易，云：「蜀才曰：『此本夬卦。九二升上、上六降二；則（柔）得位，而應乎乾』矣。此正推易之法之所始。特蜀才祇發其端，不令全著。如姤初六升二、九二降初，亦得位得中而應乾。」（皇清經解卷九十六）雖間見微詞，固不拒蜀才氏說也。昔胡秉虔嘗考諸儒卦變之說，而獨取蜀才之義，以實師、同人二卦（見卦本圖考）。驗諸彖辭，若應規矩；不可誣也。特篤守未純，不能周普其例爲憾耳。考比䷇，一陽五陰之卦，當從復、剝之例。蜀才注云：「此本師卦。」則同虞說（細案之亦有不同，說見下文）。蓋亦隨卦取變，從違不一；所以通殊尚而一之也。

三、荀、虞卦變之整合

漢魏象數易家，首推荀（爽）、虞（翻）。然兩家卦變，同源而異趣；是以顯尚殊途，各擅一法。厥一爻動而上下移易者，虞氏說也；陽升陰降而兼用兩爻者，荀氏義也。二說判若鴻溝，所以異例滋繁。蜀才既爲一陰一陽補例，復整合荀、虞兩家之卦變；參升降之義（荀氏），爲卦本之說（虞氏）。攄思之妙，見調合之巧矣。說者或謂蜀才卦變，即虞氏家法；蓋亦膚受之言，是未究源流也。今考蜀才佚文，多言卦變：

需䷄　蜀才注云：「此本大壯卦。案六五降四有孚，光亨貞吉。九四升五，位乎天位以正中也。」（案虞注云：「大壯四之五。」）

訟䷅　蜀才注云：「此本遯卦。案二進居三、三降居二，是剛中而應，行險而順也。」（案虞注云：「遯三之二。」）

比䷇　蜀才注云：「此本師卦。案六五降二、九二升五，剛往得中，爲比之主；故能原究筮道，以求長正而无咎矣。」（案虞注云：「師二上之五。」）

隨䷐　蜀才注云：「此本否卦。剛自上來居初，柔自初而升上。」（案虞注云：「否，乾上來之初。」）

晉䷢　蜀才注云：「此本觀卦。案九五降四、六四進五是柔進。」（案虞注云：「觀四之五。」）

明夷䷣蜀才注云：「此本臨卦。案夷，滅也。九二升三、六三降二，明入地中也。明入地中則明滅也。」（案虞注云：「臨二之三，而反晉也。」）

旅䷷　蜀才注云：「否三升五，柔得中於外，上順於剛。九五降三，降不失正，止而麗乎明；所以小亨，旅貞吉也。」（案虞注云：「賁初之四、否三之五。」）

上學諸例，皆蜀才卦變之說。取勘虞注，雖若符應；實違虞義。考虞氏卦變，特一爻動而上下移易，蜀才則兼用二爻，以升降見義。所以殊異也。需卦虞云「大壯四之五。」案大壯䷡，下乾上震。陽居四失位，之五乃正。蓋以「四之五」推得位正中，故光亨貞吉；是一爻動，而義無遺蘊矣。蜀才則以「六五降四」明光亨貞吉義，復從「九四升五」，見天位正中象；故云兼用二爻也。臬聞張氏易義別錄云：「象意以位乎天位，所以光亨；則專主九四之五爲義。此虞之所以合經義也。」（卷四蜀才氏）蓋蜀才卦變，多從荀爽升降之義，爲虞翻卦本之說；所以貌似而神異，非虞氏家法也。考荀氏易例，莫尚於陽升陰降。惠氏棟易漢學曰：「荀慈明論易，以陽在二者當上升坤五爲君；陰在五者當降居乾二爲臣。蓋乾升坤爲坎，坤降乾爲離，成旣濟定；則六爻得位。」（卷七）是升降之說也。屈師翼鵬復條擧其例：有初陽當升五者、三陽當升五者、四陽當升五者（先秦漢魏易例述評卷下），要皆陽升陰降也。蜀才因之，故言卦本，一從升降爲說。然注訟卦云：「二進居三，三降居二。」注師卦云：「上九降二，六二升上。」注隨卦云：「剛自上來居初，柔自初而升上。」注晉卦云：「九五降四，六四進五。」注旅卦云：「否三升五，九五降三。」則皆陽降陰升，顯悖荀義。馬國翰輯本序云：「其（蜀才）說易，明上下升降，蓋本荀氏學。」亦影響之談，未究其實也。案晉象辭曰：「柔進而上行。」升象辭曰：「柔以時升。」是陰有升義，陽亦可降；固不必以違失荀義而疵之也。案荀氏升降亦未能篤守陽升陰降之義。然荀、虞異法，顯尚有殊。蜀才通而一之；雖云整合其義，實則兩從而兩違；故多自申說。是不能無議也。蜀才注比卦象辭謂「此本師卦」云云（見上引），以「剛往得中，爲比之主」，申「故能原究筮道，以求長正而无咎」之義。是不免望文生義，強爲比說；昔人固嘗言之矣。

俞樾羣經平議（卷一）曰：

> 蜀才謂原究筮道，此與正義所云：「原窮其情，筮決其義。」並爲望文生訓。今案比之原筮，猶蒙之初筮。說文灥部：「厵，水本也。」重文原，曰：「篆文厵省。」是原之本義，水泉本也。今俗加水作源，即其字也。故引申之有始義。漢書元帝紀注引晉灼曰：「原，本也。始祖之廟，故曰本也。」原筮之原，當從此訓；正與「後夫凶」相對。正義解後夫凶曰：「親比貴速，若及早而來，人皆親附；故在先者吉。若在後而至者，人或疏己，親附不成；故後夫凶。」此說極合經旨。「原筮元永貞，无咎。」即所謂在先者吉也。孔穎達能得此旨，而不得原字之解；故知詁經當先明字義矣。

考虞注比卦云：「師二上之五得位。衆陰順從，比而輔之，故吉。」蓋從卦變之義，以推比吉之象；

所以有取於師二上之五也。師䷆，下坎上坤。九二上之五爲比䷇，九五得位，衆陰在下，有順從比輔之象；故云吉也。蜀才云：「此本師卦。」雖本虞義。然從九二升五以明剛往得中，而中原究筮道云云；實無當於推象通辭之例。是以隨文衍義，強爲比說；而漸趨尚辭之道矣。

象數易學，旨在推象通辭，以證辭、卦之一體；蓋實研易之本也。虞氏易說，務闡此義；故其卦變，類例滋生。或取兩爻相易、或從兩爻相續隨方發也（請參閱拙作「虞翻易學研究」）。蜀才說易例，實敍創易，整合異義，不顯所本；但膚襲推衍，紊亂不自知矣。

損䷨　彖辭曰：「損，損下益上，其道上行。」

虞翻注云：「泰初之上，損下益上。」

蜀才注云：「此本泰卦。案乾之初九上升坤上，坤之上六下處乾三（案集解引作坤之上六下處乾三，乾之九三上升坤六。茲從易義別錄說訂正），損下益上者也。」

益䷩　彖辭曰：「損上益下。」

虞翻注云：「否上之初也，損上益下。」

蜀才注云：「此本否卦。案乾之上九下處坤初，坤之初六上升乾四，損上益下者也。」

虞以泰䷊初之上爲損，是損初九以益於上六之上（此兩爻相續之例）；故云損下益上。蜀才云乾之初九上升坤上，是本虞氏兩爻相續之例；所以損下益上也。然又云坤之上六下處乾三，則從兩爻相易之例（案苟非相易，則坤之上六下處乾三，不能成損）；殊違損下益上之義。兩說並陳，義悖一貫，是紊亂而不自知矣。說者或謂蜀才此注，實兼用二爻，以成一變；未可分從二例也。誠如所說，則乾之初九上升坤上，固爲損下益上；而坤之上六下處乾三，無乃損上益下，而其道下行乎？合此二義，以成一變；是損下、損上並見，義無所主矣（案胡秉虔以有往無來爲損，見卦本圖考。苟依或說，是有往有來；無當損義也）。益䷩彖辭曰：「損上益下。」虞以否䷋上之初，推損上益下之象；亦兩爻相續之例（胡秉虔所謂有來無往也，見卦本圖考）也。蜀才以乾之上九下處坤初，坤之初六上升乾四，爲損上益下。是前者從相續之例，後者取相易爲義；是又兼用兩爻而分從兩例也。以其兼用兩爻也，故益下、益上並見；以其兼從兩例也，故相續、相易並出；所以悖謬斯見，無當易義也。說如損例，茲不復贅焉。

清儒李心庵林松嘗以虞注損、益諸卦，有違兩爻相易之例；因謂俗儒沿蜀才注而誤，爰爲訂補（說詳見周易述補卷五）；蓋謂虞注不當有二爻相續之例也。林松強爲說辭，巧爲飾諱；蓋亦似是而非矣（說詳見拙作「虞翻易學研究」）。夫虞氏易說，隨方易例，唯變所適；是以創發穎敏，無所拘囿。蜀才膚襲弱植，說多齟齬；是不達虞注而謬也。林松謂俗儒因蜀才注而誤者云云，是不知仲翔，復不知蜀才也。

四、推消息闡孟氏學

蜀才取荀爽升降之義，爲虞翻卦本之說。然陰升陽降，有悖荀義；兼用二爻，無當虞說。蓋末派所趨，顯尚塗窮；所以從荀而非荀，本虞而非虞也。柯氏劭忞爲撰佚文提要，嘗謂蜀才易本鄭氏；雖非定評，亦非無見也。續修四庫全書周易蜀才注提要曰：

張氏（惠言）曰：「蜀才不知旁通。」又云：「虞于師注，未明言自謙來，故蜀才求其說不得。」亦明知蜀才之非虞學矣。損六四：「損其疾。」釋（案釋宜作注）：「四當承上。」張曰：「四當承上，鄭義也。」謙：「君子以捊多益寡。」釋文：「鄭、荀、蜀才作捊。」豫：「朋盍簪。」釋文：「鄭，速也。京作撍。蜀才本依京義從鄭。」萃：「一握爲笑。」注云：「握當讀爲夫三爲屋之屋。」(案商務版續修提要本作「握當爲夫三，爲屋之屋釋文」茲據釋文訂正)釋文引鄭、蜀才同。繫辭：「有功而不德。」釋文：「不德，鄭、蜀作置。」皆蜀才易本於鄭易之證。然則，蜀才固爲費學；故升降之義依荀氏，訓詁依鄭氏矣。（經部易類）

柯氏劭忞歷擧衆驗，以明訓詁依乎鄭氏；徵諸佚文，亦昭然可覩。然據以隸諸費、鄭之學，則不能無疑也。（謂升降之義，依乎荀氏；蓋亦梗略之言，實未盡然也。說如前述。）考漢書儒林傳謂費直「長於卦筮，亡章句」；而鄭玄出入兩家（京氏費氏），爻辰、易禮，斯其顯尚。是費、鄭之學，有愈於訓詁者矣。蓋象數易學，旨在推象通辭；訓詁則其末學也。徐養原頑石廬經說云：「易之異於他經，在數不在理。」（卷一）蓋數明理具，所以異於他經也。夫理以象明，象以數顯；詁字解經，則非所尚也。柯氏但掇拾碎文隻字，比附成論；是執末遺本，亦輕於立言矣。今考蜀才易義，雖不顯所本，要以卦變爲宗；猶見孟、京矩矱也（荀、虞皆言卦變，而其源則肇端京氏；京固孟學也）。明夷六五：

「箕子之明夷，利貞。」蜀才箕作其（陸氏釋文引），亦本象數之義，一從蜀人趙賓之說，而上承孟氏學也。

宋翔鳳周易考異曰：

> 按明夷六五：「箕子之明夷。」作箕子者，博士施、孟、梁丘所傳之易也。蓋博士援易，但以章句循誦，不能窮陰陽之變；惟孟氏別爲古文，以傳梁焦延壽、蜀趙賓（自注云：儒林傳言上聞喜改師法，遂不用喜。此其切證）。漢書儒林傳：「（趙賓）以爲箕子明夷，陰陽氣亡箕子；箕子者，萬物方荄茲也。」蜀才箕作其，當是孟氏所傳之古文。（卷二）

京房易傳云：「明夷，積陰盪陽，變陽入純陰。」故趙賓云：「陰陽氣窮，未有萌兆。」（漢書儒林傳補注引沈欽韓說）皆孟喜卦氣之學也。賓本京氏傳義，讀箕子爲荄茲。蜀才因之，以其代箕；是又上溯孟氏古文矣。是以卦變而外，亦言消息。

> ䷒臨卦辭曰：「臨，元亨利貞。至于八月有凶。」蜀才注云：「此本坤卦。剛長而柔消，故大亨利貞也。案臨十二月卦也。自建丑之月至於建申之月，凡歷八月，則成否也。否則天地不交，萬物不通；是至于八月有凶。斯之謂也。」（集解引）

案此從十二消息卦爲說，故云臨十二月卦也。消息者，陰往陽來爲息，陽往陰來爲消；故有陽息卦，有陰消卦。坤卦六畫皆陰，故陽息坤，則由復䷗而臨䷒，而泰䷊，而大壯䷡，而夬䷪，而至於乾䷀；所謂陰往陽來也。是爲陽息卦。乾卦六畫皆陽，故陰消乾，則由姤䷫而遯䷠，而否䷋，而觀䷓，而剝䷖，而至於坤䷁；所謂陽往陰來也。是爲陰消卦。以消息卦配十二月，故臨爲十二月卦也。茲表列十二卦配十二月（見屈師翼鵬先秦漢魏易例述評卷下）如下：

陽息卦

䷗復	十一月（子）冬
䷒臨	十二月（丑）冬
䷊泰	正月（寅）春
䷡大壯	二月（卯）春
䷪夬	三月（辰）春
䷀乾	四月（巳）夏

陰消卦

䷫姤	五月（午）夏
䷠遯	六月（未）夏
䷋否	七月（申）秋
䷓觀	八月（酉）秋
䷖剝	九月（戌）秋
䷁坤	十月（亥）冬

陽息坤，由復而臨；故臨爲十二月建丑之卦。自建丑之月至於建申之月，凡歷八月，其卦成否。否，坤下乾上，天地不交，萬物不通；故云：「至于八月有凶。」此蜀才之說也。考十二月卦，本孟喜卦氣之術。新唐書律歷志載僧一行卦議曰：「十二月卦，出於孟喜章句。其說易本於氣，而後以人事明之。」（卷二十七上）鄭、荀、虞之徒，並用以說易。然同源而異趨，故八月之說，略陳其別，義實有三：

㈠以爲建未之月，卦爲遯者；鄭玄、虞翻之說也。

㈡以爲建申之月，卦爲否者；蜀才之說也。

㈢以爲建酉之月，卦或爲兊、或爲觀者；荀爽、褚仲都之說也。（見王引之經義述聞卷一引）

三說同本卦氣之術，而取義各異；亦可覘殊尙也。以爲卦爲遯者，取臨與遯旁通。遯，六月卦也；于周爲八月。遯弒君父，故至於八月有凶。此虞翻之說也。謂臨自周二月用事，訖其七月，至八月而遯卦受之；以見周改殷正之數，故云八月有凶。此鄭玄之說也（請參閱李鼎祚周易集解引）。以爲卦爲兊者，蓋本卦氣爲說。鄭玄注易緯通卦驗云：「秋分於兊直初九。」（卷下）說卦傳云：「兊爲正秋。」故云八月爲兊。此荀爽之說也（案此說于有凶无所取義，故虞氏非之。請參閱李道平周易集解纂疏）。孔穎達周易正義引褚氏云：「自建寅至建酉爲八月；八月，觀也。」是從夏政而取十二消息卦爲說。此褚仲都之義也。（請參閱拙作「今存南北朝經學遺籍考」第一章第二節褚仲都周易講疏）。蜀才以卦爲否者，可謂別闢蹊徑，較諸說平實（案朱震論臨至八月有凶，謂當從鄭、虞，見周易卦圖卷下。

王引之據象傳「消不久也」之言，中明虞說，見經義述聞卷一。屈師翼鵬嘗舉三事，以證虞說之不通，諸儒復起，無以易也。說見先秦漢魏易例述評卷下）；洵非一家之說，所能規囿也，苟執一端論定，竊恐為昔人欺也。

考王弼注八月有凶云：「八月陽衰而陰長，小人道長，君子道消也；故曰有凶。」孔穎達疏通其說云：「此注云『小人道長，君子道消。』宜據否卦之時。故以臨卦建丑，而至否卦建申為八月也。」（周易正義卷三）皋聞張氏因謂蜀才以卦為否者，同於王弼（見易義別錄卷四。焦循亦謂王氏以八月指否所辟之月，見周易補疏）。是又不能無辨也。王注云小人道長，君子道消。實本陰陽消息為說。陰來陽去，則由䷫姤而䷠遯，而䷋否，而䷓觀，而䷖剝，而䷁坤。凡此六卦，莫非陽衰陰長；而皆有「小人道長，君子道消」之象。豈特否之一卦乎？至王注云八月者，亦可指觀卦建酉所辟之月；匪獨否卦也。且夫觀䷓為四陰二陽之卦，以視否䷋之三陰三陽，尤見陽衰陰長之義；安得必其據否為說，而謂「同於王弼」乎？張氏不此之辨，但強為比附；至以蜀才為王弼後人，要皆因襲陳義，亦疏於予奪矣。

五、餘言

蜀才說易之作，今存三十餘條（異文除外），大抵為卦變之義，無煩贅言也。特參合諸家之例，旁通異訓，不專一說；故後人論述，易致比附成論耳。夫自王儉題錄，以爲蜀才「是王弼後人」（見顏氏家訓書證篇引），論者乃得援引立據，言之鑿鑿；是不能無說也。

張惠言易義別錄云：

> 妄爲邪妄，漢儒無此訓。王儉云是王弼後人，豈不信哉。（卷四）

惠言雖勇於自信，實疏於立言也。何劭爲王弼傳云：「弼爲人淺而不識物情……正始十年……遇癘疾亡。時年二十四，無子絕嗣。」（見三國志卷二十八鍾會傳裴松之注引）案魏邵陵厲公正始十年改元嘉平（二四九），是年弼卒。上推二十四年，則弼當生於魏文帝黃初七年（二二六）。姑不言弼無子嗣之說，即以年輩而論，亦不能早於蜀才（蜀才生卒見前）。王儉之說，實未可典據。張氏惠言復掇拾隻文碎義，以實王儉之論，尤乖徵驗也。考：

> 蜀才注无妄彖傳云：「剛自上降，爲主於初；故動而健，剛中而應也。於是乎邪妄之道消，大通以正矣。」（集解引）
>
> 王弼注无妄初九爻辭云：「體剛處下，以貴下賤，行不犯妄；故往得其志。」

王弼云行不犯妄，故往得其志。是妄有邪妄之義，與蜀才說通。惠言以漢儒無此訓，而王弼與蜀才說同；因謂蜀才爲王弼後人，失諸誣矣。京房易傳曰：「无妄，乾剛震動，二氣運轉，天下見雷。行正之道，剛正陽長，物无妄矣。」（卷中）案乾剛震動與剛正陽長，同指无妄䷘（震下乾上）之象。一則以推行正之道，一則用指萬物无妄。行正與无妄對舉，是正與妄反義；則无妄者，无邪妄之謂也。此漢儒訓妄爲邪妄之證（案虞氏仲翔嘗辨无妄，云：「京氏及俗儒以爲大旱之卦，萬物皆死，无所復望。失之遠矣。」是京氏訓妄爲望矣。然易傳陳，自有邪妄之義，不容置疑也）。惠言臆爲論斷，是不知漢儒也。蜀才謂邪妄之道云云，義實本此；非襲輔嗣也。

肆、干寶易學研究

象數末派，纖細入微，而類例彌繁；不可究詰也。王弼乘弊排擊，獨標新學；風流所仰，學者宗焉。然捐棄象數，空衍義理；聖人之道闕矣。陳振孫書錄解題云：「魏晉談玄，自弼輩倡之。易有聖人之道四焉，去三存一，於道闕矣。」（卷一）是以駁詰非難，時見載籍。史稱寶好陰陽術數，留思京房之學。故其易說，取卦爻配月、配日、配時，傳諸人事，證諸前世已然之跡；固迥乎典午習尚矣。蓋多旁酌諸家象數之學，以成一家之言；然卒不能無沾於弼說也（注序卦引老子有物混成章、又引莊子齊物論是也）。述易干氏義。

一、干寶傳略及其著作

周易注，晉干寶撰。寶字令升，新蔡人也。徙吳郡海鹽。祖統，吳奮武將軍；父瑩，丹陽丞。寶少勤學，博覽書記。以才器召爲佐著作郎。平杜弢（三一五）有功，賜爵關內侯。晉元帝即位（案元帝睿建武元年即晉王位於建康，翌年即帝位，改元太興元年（三一八），中書監王導上疏，以爲中興之盛，宜建立國史，撰集帝紀。元帝納焉，寶於是始領國史。以家貧求補山陰令，遷始安太守。王導請爲司徒右長史，遷散騎常侍，領著作（據吳士鑑斠注引書鈔說補）。著晉紀，自宣帝迄于愍帝五十三年，凡三十卷。奏之。其書簡略，直而能婉，咸稱良史。

寶性好陰陽術數，留思京房、夏侯勝等傳。寶兄嘗病氣絕，積日不冷。後遂悟云：「見天地間鬼神事如夢覺，不自知死。」又感父婢再生事，遂撰集古今神祇靈異人物變化，名爲搜神記，凡三十卷。以示劉惔，惔曰：「卿可謂鬼之董狐。」寶既博采異同，遂混虛實；因作序以陳其志。又爲春秋左氏義外傳，注周易、周官，凡數十篇。具見晉書本傳。

茲綜傳、志所載，考干氏著作如后：

㈠周易注十卷。（詳下）

㈡周易宗塗四卷。（隋志曰：「梁有周易宗塗四卷，干寶撰。亡。」）今佚。

㈢周易爻義一卷周易問難二卷周易元品二卷。（隋志問難作王氏撰，元品不著撰人。册府元龜悉隸諸干氏，朱彝尊、馬國翰遂疑王爲干之訛；然皆臆度之說，實無確據也。姚振宗隋志考證云：「此實王氏書、非干氏書。」）今佚。

㈣易音。（陸氏經典釋文引）今佚。

㈤毛詩音一卷。（見陸氏釋文敍錄。隋志著錄毛詩音隱一卷，云：「于氏撰，亡。」姚振宗隋志考證疑即干氏之誤。）今佚。

(六)周官禮注。（案隋唐志並作十二卷，釋文敍錄作十三卷。）今有王謨、馬國翰、黃奭輯本。

(七)答周官駁難五卷。（唐志著錄，注云孫略問。）今佚。

(八)周官駁難三卷。（隋志著錄，云：「周官禮駁難四卷。孫略撰。梁有周官駁難三卷，孫琦問、干寶駁，晉散騎侍郎虞喜撰。」吳士鑑補晉書經籍志云：「按孫略、孫琦恐係一書」。）今佚。

(九)周官音。（見羣經音辨引）今佚。

(十)後養議五卷。（隋志著錄。按又有七廟議一卷，姚振宗謂即蔡謨三卷本之佚存者，見隋志考證。）今有馬國翰輯本。

(十一)春秋左氏函傳義十五卷。（隋志著錄，兩唐志並題春秋義函十六卷。按即本傳春秋義外傳。）今有馬國翰輯本。

(十二)春秋序論二卷。（按兩唐志並云一卷，茲從隋志。）今佚。

(十三)晉紀二十三卷。（本傳云：「凡三十卷。」隋志著錄。）今有黃奭佚書考輯本、叢書集成初編湯球輯本、輯佚叢刊陶棟輯本。

(十四)司徒議一卷。（隋志著錄。舊唐志作司徒議注五卷。）今存三條，見嚴氏全晉文編。

(十五)雜議五卷。（兩唐志著錄）今佚。

㈥搜神記三十卷。（見本傳，隋唐志並著錄三十卷。）今有增訂漢魏叢書本、景印元明善本叢書十種本、津逮秘書本、四庫全書本、叢書集成初編本……等。

㈦正音十卷立言十卷。（兩唐志著錄，隋志云：「梁有干子十八卷，干寶撰。亡。」吳士鑑補晉書經籍志云：「通典載寶駁招魂議、荊楚歲時記；大平御覽引干寶變化論；埤雅釋魚引陰陽自然變化論，又作自然論；蓋皆二書之一篇。」）今有王仁俊玉函山房輯佚書續編干子輯本一卷。

㈧集四卷。（隋志著錄，又有百志詩九卷。）嚴氏全晉文編存表議論序。

考五朝小說載有蘇娥冤記（綠窗女史本記作傳）、度朔君別傳一卷、東越祭蛇記一卷、秦女賣枕記一卷，並題干寶撰。然史志無考，未詳所據也。

干氏述造雖繁，然多亡佚不傳。其周易一注，著見本傳。隋唐志著錄，並題十卷。考北宋末葉，少保蔡攸曾上其書。胡一桂周易啓蒙翼傳曰：「干寶周易傳十卷，復別出爻義一卷。宣和四年（一一二二），蔡攸上其書曰：『其學以卦配月，或以配時日；傳諸人事，而以前世已然之迹證之。義訓頗有所據。若九三本左傳訓宴享，乃與古合。房審權亦采錄。』」（中篇易學傳注）是干書宋時尚存，特改注爲傳；故宋史藝文志著錄云：「干寶易傳十卷。」殆亡佚於宋元之際。李氏集解、陸氏釋文間頗載引。後人依輯成帙，厥有元屠曾輯干常侍易解三卷（案即鹽邑志林本，明姚士粦訂閱）、孫堂補屠曾輯干寶周易注一卷（漢魏二十一家易注本）、馬國翰輯周易干氏注三卷（玉函山房輯佚書本）、黃奭輯干寶易注一卷（黃氏逸書考本）、汪□輯干氏易傳三卷（易學六種本），而張惠言依丁杰補正屠曾輯本（案惠言易義別錄云：「明姚士粦輯干常侍易解三卷，但取李氏集解之文，而又時有疏謬；丁教授杰補而正之頗詳。」茲從黃慶萱先生說正），論其義例，爲干氏易義二卷（易義別錄本）。學長黃慶萱先生復參稽諸家所輯，爲干寶周易注考佚（見魏晉南北朝易學考佚）一帙。逐條考辨，超邁諸家；可以津逮後學矣。

二、爻本說及其批評

漢儒有卦變之說，蓋謂某卦本某卦來者。清儒胡秉虔命之曰卦本，因著卦本圖考焉。干氏以爲乾坤諸爻，爻本卦來；爰仿胡氏例，謂之爻本云。

夫象數易家，同宗卦變。蓋卦者象也。有之卦則有之象，故象隨卦易；所以爲推象通辭之本據也。干氏不悟此義。故其說易，雖能旁酌象數遺緒，而盛言某爻自某卦來者；蓋實倒本爲末，亦似是而非矣。今考其佚說，於乾坤諸爻皆云自某卦來者；是乾坤反生於他卦也。

乾☰☰卦

初九爻辭干寶注云：「陽在初九，十一月之時；自復來也。」（集解引）

九二爻辭干寶注云：「陽在九二，十二月之時；自臨來也。」（集解引）

九三爻辭干寶注云：「陽在九三，正月之時；自泰來也。」（集解引）

九四爻辭干寶注云：「陽氣在九四，二月之時；自壯來也。」（集解引）

九五爻辭干寶注云：「陽在九五，三月之時，自夬來也。」（集解引）

上九爻辭干寶注云：「陽在上九，四月之時也。」（集解引）

坤䷁卦

初六爻辭干寶注云：「陰氣在初，五月之時；自姤來也。」（集解引）

六二爻辭干寶注云：「陰氣在二，六月之時，自遯來也。」（集解引）

六三爻辭干寶注云：「陰氣在三，七月之時；自否來也。」（集解引）

六四爻辭干寶注云：「陰氣在四，八月之時；自觀來也。」（集解引）

六五爻辭干寶注云：「陰氣在五，九月之時；自剝來也。」（集解引）

上六爻辭干寶注云：「陰在上六，十月之時也。」（集解引）

卦變之例，莫備於虞氏。其說以乾坤二卦爲本。乾陽坤陰，故陽息而復而臨而泰而大壯而夬，而乾道純成；陰消而姤而遯而否而觀而剝，而陰體備就：謂之十二消息卦。十二消息卦升降往來，諸卦以生。是十二消息卦出於乾坤，而諸卦則出於消息卦也。序卦傳云：「有天地然後萬物生焉。」乾天坤地，陰陽其氣；盈虛消失，而萬物備成。蓋天道自爾，所以乾坤生諸卦也。干氏謂乾之初爻自復來、九二自臨來、九三自泰來、九四自大壯來、九五自夬來，而坤之初爻自姤來、六二自遯來、六三自否來、六四自觀來、六五自剝來。是以乾坤諸爻來自消息卦，實無當天道自然之理；殊乖卦變之說也。故李恕谷周易傳註云：「干寶謂乾之初九自復來，乾之九二自臨來。諸卦反生乾坤，顛倒凌亂之極矣。烏可訓耶？」（論卦變）且依干氏例推之，乾上九爻當云自乾來；坤上六爻當云自坤來。是不知陽息至上，乾體純成；陰消極六，坤道備就；所以陰陽消息，而諸卦以生也。豈云乾自乾來，而坤自坤來乎？夫十二消息卦本於乾坤，故消息諸卦各具乾坤一體；非謂乾坤自消息卦來也。干氏倒本爲末，故造爲爻本之說（云某爻之來，本於某卦；故云爻本）；要皆無當於「卦變而象易」之理。非若卦變以推象通辭，而證辭、卦之一體者也。張皐聞易義別錄云：「乾坤十二爻主十二月，干以解爻辭，故云十一月之時，自復來也。干無卦變之例。來者，言其用事。」（干氏易義）則云自某卦來者，特取卦配月，藉便塗附耳。

消息十二卦，配以十二月；謂之十二月卦。其說蓋本於孟喜。新唐書律歷志載僧一行卦議曰：「十二月卦出於孟氏章句。其說易本於氣，而後以人事明之。」（卷二十七上）蓋實孟氏卦氣之術，所以占驗災異；非爲易設也。考易緯有十二辟卦值月之說。稽覽圖云：「天子泰正月，天子夬三月，天子否七月，天子剝九月，天子復十一月。（中略）天子大壯二月，天子乾四月，天子遯六月，天子觀八月，天子坤十月，天子臨十二月。」（卷下）卦氣之術，以十二消息卦爲辟卦。辟者，君也；故緯書有十二天子卦焉。要皆易家候陰陽災變之說也。干寶性好陰陽術數，留思孟、京之學。是以襲用消息、月卦，以成其爻本之說；然以之說易，殆無所取義耳。乾初九爻辭「潛龍勿用」。集解引干氏注云：

位始故稱初，重陽故稱九。陽在初九，十一月之時；自復來也。初九甲子，天正之位；而乾元所始也。陽處三泉之下，聖德在愚俗之中；此文王在羑里之爻也。雖有聖明之德，未被時用；故曰勿用。（案李衡周易義海撮要卷一引作「道未可行，漢祖爲泗上亭長，文王在羑里之時。」）

尋究干氏注義，蓋從納支、爻位爲說；無關乎月卦之義也。天正之位，乾元所始云云；實本納支「初九甲子」（詳後），以推繹取義。聖德在愚俗之中，文王在羑里云云；則據爻位「陽處三泉之下」，以申義立說。干注乾初九爻辭，義盡於此矣。乃必牽涉爻之所來，卦之所值（故云：「陽在初九，十一月之時；自復來也。」）；殆徒炫虛說，無所取義也。考干氏注乾坤諸爻，凡言爻本、值月者，率皆如是，删之可免謬贅矣。

三、以史例證說經義

夫自商瞿傳易，雖有異家之學；同本象數爲宗。逮魏王弼，擧而掃之；參諸人事，毖以玄理。其言妙麗，而其說易便；於是象數之傳寖息，而弼義日熾矣。洎夫干氏，率性矯俗，復理孟、京遺緒；然學隨時移、說從俗遷，固所不免也。故其易說，取消息、月卦，而創爲爻本之說（見前）；傳諸人事，證諸前世已然之跡；則肇以史證經之例。佚文昭然，可資徵驗也。

㈠乾初九爻辭干注云：「陽處三泉之下，聖德在愚俗之中；此文王在羑里之爻也。雖有聖明之德，未被時用；故曰勿用。」

（二）乾九二爻辭干注云：「陽氣將施，聖人將顯，此文王免於羑里之日也；故曰利見大人。」

（三）乾九三爻辭干注云：「此蓋文王反國大釐其政之日也。凡无咎者，憂中之喜，善補過者也。文王早耀文明之德，以蒙大難。增修柔順，以懷多福；故曰无咎矣。」

（四）乾九四爻辭干注云：「此武王舉兵孟津觀釁而退之爻也。守柔順則逆天人之應，通權道則違經常之教。故聖人不得已而爲之，故其辭疑矣。」

（五）乾九五爻辭干注云：「此武王克紂正位之爻也。聖功既就，萬物既覩；故曰利見大人矣。」

（六）蒙卦辭干注云：「此蓋以寄成王之遭周公也。」

（七）蒙初六爻辭干注云：「此成王始覺周公至誠之象也。坎爲法律，以貞用刑；故利用刑人矣。此成王將正四國之象也。說，解也。正四國之罪，宜釋周公之黨；故曰用說桎梏。既感金縢之文，追恨昭德之晚，故曰以往吝。」

（八）蹇九五象傳干注云：「此蓋以文王爲紂所囚也。」

（九）豐上六爻辭干注云：「豐其屋，此蓋記紂之侈造爲璿室玉臺。蔀其家者，以記紂多傾國之女也。」

（十）未濟六三爻辭干注云：「祿父反叛，管蔡與亂，兵連三年，誅及骨肉；故曰未濟征凶。」

干氏易注，今存三十卦。雖殘闕不具，然取殷、周史實，證說爻義；徵諸上例，見一斑已。繫辭下傳云：「易之興也，其當殷之末世，周之盛德邪？當文王與紂之事邪？」是傳固明著易當文王與殷紂之事矣。干氏承衍其說，爰推殷周鼎革之事，用附易爻之象。故凡文王囚羑里、武王克紂，而金縢之誠、管蔡之亂，悉當爻義；所謂傳諸人事，證諸前世已然之跡也。夫以周家際遇期運，證說爻象；實始康成。鄭注否九五爻辭云：「猶紂囚文王於羑里之獄，四臣獻珍異之物，而終免於難；繫于苞桑之謂也。」又注臨卦辭云：「當文王之時，紂爲无道；故於是卦爲殷著興衰之戒，以見周改殷正之數。」（並見王應麟輯周易鄭康成注）鄭易別有顓擅，故其援古驗象，特偶或爲之；非若干寶之能周普而成例耳。今考干氏佚說，以史綴爻，有類卜讖；取卦配月，無當易旨。蓋實占者之易也。漢魏象數易學，至干氏而一變；昔人固嘗疵之矣。

張皐聞易義別錄云：

> 今令升之注，僅存者三十卦；而又不完。然其言文武革紂、周公攝成王者、十有八焉。至於禮樂、政典治亂之要，蓋未嘗及；則是以易爲周家紀事之書，文武所以旌其伐也。且文王作卦辭，而蒙託成王遭周公；未濟記祿父不終，微子爲客；則是易爲讖數之言、妖災之記也。故京氏以易陰陽推後世災變，令升以易辭推周家應期；故曰令升之爲京氏者，非京氏也。魏晉之代，易學中微。令升知空虛之壞道，而未得其門。欲以叢瑣附會之說勝之，遂使後之學者，指漢師爲術數而不敢道；則易之墜，令升實與有責焉耳。（皇清經解卷一千二百四十）

以易爲周家紀事之書，是等經爲史；而理、事不分。以易爲讖數之言、妖災之記，是比經爲緯；而易道毀墜。惠言疵之，有廓清之功矣。夫象數易學，旨在推象通辭，蓋推象通辭者，所以驗易辭之義，實卦所本有者；以明此卦之必有此辭，而此辭之義必蘊於此卦。因以證成卦與卦辭之必然結合，而卦辭之所陳；遂爲一理義自明而無須經驗證明者（請參閱拙作虞翻易學研究）。蓋實研易之本也。自王弼以降，不明此義；但據辭中義，以成其義理之學。干氏復依辭比事，以成其記事之說。兩家趣尚雖殊，皆同執末遺本；是不知象數之所以爲象數也。馬國翰敍錄云：「後人譏其小物詳，而大道隱，誠非無自。」（玉函山房輯佚書）洵然。

夫經史異科，而體用殊塗。干氏同其畛域，以史綴爻；遂肇援史證經之一派。洎乎有宋，若李光讀易詳說、楊萬里誠齋易傳，並捨理數，一以史事爲說；所以詆之者夥也。（案經義考引陳櫟云：「不足以使窮經之士心服。」吳澂爲易傳作跋云：「經之本旨未必如是。」）清儒汪琬嘗引朱子所云：「解經而通世務」之義，以翼護援史證經之說（清儒學案卷七答李學人以史證經書）。而四庫全書總目云：

> 聖人作易，本以吉凶悔吝示人事之所從。箕子之貞、鬼方之伐、帝乙之歸妹，周公明著其人；則三百八十四爻可以例舉矣。舍人事而談天道，正後儒說易之病；未可以引史證經病萬里也。
>
> （卷三誠齋易傳提要）

其說雖辨，然不能無疑也。蓋經陳原則，史舉事例；事例殊相，原則共理。以其共理也，故周偏一律，恆常不變；以其殊相也，故彼是分判，理無定住。此不待辨而明者也。是以據共理以說事例者，其言可信；以事例證共理者，以聞援經證史矣，未聞以史證經也。夫以史證經，蓋從事例證共理者也。事例殊相，理無定住；推以說經，是不達理事分殊、經史異科；竊所不取也。（章學誠文史通義云：「六經皆史也。」其說實陋。蓋經皆往古遺跡，以爲史料則可；謂之皆史，則不能無議也。）且夫易以道陰陽，正所以談天道也。天道周普，故能示人事之所從；猶是共理說事例也。明乎理事之分，則知說易首要，務闡天道共理；蓋理定而後事明也。提要以舍人事而談天道爲後儒說易之病，是不知本末分殊耳。若謂易辭明著箕子、鬼方之事，遂謂三百八十四爻可以例擧；則聖人畫卦繫辭，何不一一綴之，而必待後人之例擧乎？

四、八卦納干支及其衍用例──術數

夫自孟、京說易，始肇象數之學。自茲以降，類例滋繁；不可究詰也。象數云者，蓋推數明象，而據象通辭；所以驗易辭之義，實卦所本有者也。故凡自六畫變易之際，以探象求辭於卦爻之中，而證易辭實卦所蘊有者；是皆象數本宗，推易之正法也（如互體、卦變等是也）。若夫推本卦爻而雜配外物，以比附取義者；則皆象數旁支，無當易旨也（如納甲之爲丹家外道，卦氣以占說災異是也）。象數推易之道，大別言之，有此二類。辨其源流，則知學之醇駁；未可一例疵之也。

干寶既留思京房之學，而好陰陽術數之說。故其易注，每從占候取義；故云占術易也。（張惠言易義別錄評干寶云：「其所以爲象者，非卦也；爻也。其所取于爻者，非爻也；干支也。由干支而有五行、四氣，六親、九族，福德、刑殺；此皆無與于卦者也。」）漢魏之際，若鄭、虞諸儒，雖間衍京氏說；特不若令升之浸沾其風，而顓擅其術矣。

京房占術，有納甲之法；納甲者，以八卦分納十干也。京氏易傳曰：「分天地乾坤之象，益之以甲乙壬癸；震巽之象配庚辛，坎離之象配戊己，艮兌之象配丙丁。」（卷下）是乾納甲壬，坤納乙癸（案乾內卦納甲，外卦納壬，坤內卦納乙，外卦納癸；故乾卦傳云：「甲壬配內外二象。」是也），震納庚，巽納辛，坎納戊，離納己，艮納丙，兌納丁。舉甲以賅十日，故曰納甲。（請參閱拙作虞翻易學研究）又有納支之法。其說取乾六爻，依次由下而上，以配子寅辰午申戌；取坤六爻，依次由下而上，以配未巳卯丑亥酉。而震巽坎離艮兌六卦，則自子丑寅卯辰巳六支，循序取配。謂之納支。干支分納八卦六爻，附以五行；因有六位之配。唐李淳風周易元義載八卦六位圖，即其配屬之法也（案李氏圖見火珠林引）。茲錄其圖如下：

八卦六位圖（又見惠棟易漢學卷四引）

乾	屬金	⚊壬戌土	⚊壬申金	⚊壬午火	⚊甲辰土	⚊甲寅木	⚊甲子水
坤	屬土	⚋癸酉金	⚋癸亥水	⚋癸丑土	⚋乙卯木	⚋乙巳火	⚋乙未土
震	屬木	⚋庚戌土	⚋庚申金	⚊庚午火	⚋庚辰土	⚋庚寅木	⚊庚子水
巽	屬木	⚊辛卯木	⚊辛巳火	⚋辛未土	⚊辛酉金	⚊辛亥水	⚋辛丑土
坎	屬水	⚋戊子水	⚊戊戌土	⚋戊申金	⚋戊午火	⚊戊辰土	⚋戊寅水

離屬火—己巳火- -己未土—己酉金—己亥水- -己丑土—己卯木

艮屬土—丙寅木- -丙子水- -丙戌土—丙申金- -丙午火- -丙辰土

兌屬金- -丁未土—丁酉金—丁亥水- -丁丑土—丁卯木—丁巳火

八卦六位之配，推本易卦；然旁涉干支、五行，雖繁實簡。亦可得而言也。

明王逵蠡海集（干支總論）云：

自甲爲一至壬爲九，陽數之始終也；故歸乾易，順數也。乙爲二至癸爲十，陰數之終始也；故歸坤易，逆數也。乾一索而得男爲震，坤一索而得女爲巽，故庚入震，辛入巽。乾再索而得男爲坎，坤再索而得女爲離；戊趨坎，己趨離。乾三索而得男爲艮，坤三索而得女爲兌；故丙從艮，丁從兌。

案此說八卦納甲之理。蓋分十干爲陰陽二類；故甲一爲陽，乙二爲陰；丙三爲陽，丁四爲陰（以下類推）；是猶卦之分陰分陽也。以陽卦納陽干，陰卦納陰干；故曰：「丙陽入艮，丁陰入兌。」「戊陽入坎，己陰入離。」「庚陽入震，辛陰入巽。」（並見京氏易傳卷下）是八卦納甲之理也。又曰：陽生於北而成於南，故乾始甲子，而中以壬午。陰生於南而成於北，故坤始乙未，而中以癸丑。震巽一索也，故庚辛始於子丑。坎離再索也，故戊己始於寅卯。艮兌三索也，故丙丁始於辰巳也。

案此說干支配爻之理。蓋從陰陽生成方位，以明乾坤所始。乾內卦納甲始子，依次上推；故九二寅、九三辰；外卦納壬，九四午，九五申、上九戌。坤內卦納乙始未，依次上推；故六二巳、六三卯；外卦納癸，六四丑、六五亥、上六酉。復以乾坤三索之次，以言六子所始；震初爻始水、巽初爻始丑（此一索也），坎初爻始寅、離初爻始卯（此二索也），艮初爻始辰、兌初爻始巳（此三索也）。六子各從所始，依次推極終爻；是納支之說也。

火珠林八卦六位，蓋實占筮之術，用驗災異之說；殊乖推象通辭之道，無當易旨也。干氏不辨醇駁，襲以說易；佚文可徵也。（下引干注皆見集解引）

乾初九爻辭干寶注云：「初九甲子，天正之位；而乾元所始也。」

乾九四爻辭干寶注云：「淵謂初九甲子，龍之所由升也。」

坤上六爻辭干寶注云：「陰在上六，十月之時也；爻終於酉。」

蒙初六象傳干寶注云：「初六戊寅，平明之時；天光始照，故曰發蒙。」

井初六爻辭干寶注云：「在井之下，體本土爻，故曰泥。」

震六二象傳干寶注云：「六二木爻，震之身也。」

八卦分六位，乾初九納甲子；故云初九甲子（九四說同）。坤上六，爻值酉；故云爻終於酉。☶☵蒙（坎下艮上），下體爲坎；坎始戊寅，故云初六戊寅。☵☴井（巽下坎上），下體爲巽；巽始辛丑屬土。故云體本土爻。震六二納庚寅屬木，故云木爻。上引六例，蒙、井二注，猶見推象通辭之跡；然其牽附五行干支，以申義立說。實無與易理也。蒙注初六戊寅。寅，日出之辰（漏刻經云約十二時，見古今圖書集成歲功典第一百二卷引）；故從寅以申平明之時云云（案此以納支應時，惠言謂之納甲應時例）。井下體巽，巽屬木；由木生義，故曰泥。要皆比附取義，易道乖矣。考禮記月令孔穎達疏引易林曰：「震主庚子午，巽主辛丑未，坎主戊寅申，離主己卯酉，艮主丙辰戌，兌主丁巳亥。」與火珠林八卦六位說合，特不取配五行耳。以五行配者，或京氏推衍所造？書缺有問，世所難詳也。

八卦納支之例成，應情應時之說見；皆其衍用也。（案又有卦身之說，震六二爻辭干注云：「六二木爻，震之身也。」震爲木，六二庚寅亦本也；故曰震之身。見惠棟易漢學卷五說。是八卦六位說之衍用也。）干氏推以注易，愈見悠謬矣。

納支應情者（應時例見前），取十二支分主六情也。考漢書翼奉傳載奉上封事云：「知下之術，在於六情十二律而已。」因取辰應情，以爲知下之務。茲約陳其說焉：

北方之情，好也；好行貪狼，申子主之。

東方之情，怒也；怒行陰賊，辛卯主之。

南方之情，惡也；惡行廉貞，寅午主之。

西方之情，喜也；喜行寬大，巳酉主之。

上方之情，樂也；樂行姦邪，辰未主之。

下方之情，哀也；哀行公正，戌丑主之。

蓋術數家言，非爲易設也。干氏因刑德生旺，而牽引入易；故蒙初六爻辭注云：「寅爲貞廉。」

比六二爻辭注云：「得位應五，而體寬大。」

比六三爻辭注云：「爻失其位，辰體陰賊。」

噬嗑初九爻辭注云：「初居剛躁之家，體貪狼之性。」

益六三爻辭注云：「六三失位，而體姦邪。」

案益下體爲震，震六三納辰；故云體姦邪。噬嗑下體爲震，震初九納子，故云體貪狼之性。比下體爲坤，坤六三納卯，六二納巳；故三體陰賊、二體寬大。所謂納支應情是也。夫翼奉巧於造說，干氏妙爲比附。以辰主情，病在穿鑿；牽合易爻，尤見紕繆。易道毀墜，其來有自矣。

五、八宮卦及其衍用例——術數

八宮卦變，說自京房。考京氏易傳三卷，其上中二卷起乾終兌（案下卷雜論卜筮）；蓋即八宮卦序也。茲演其圖如下：

八宮卦變圖

八宮卦／卦變	乾	震	坎	艮	坤	巽	離	兌	世、游、歸
初爻變	姤	豫	節	賁	復	小畜	旅	困	一世
二爻再變	遯	解	屯	大畜	臨	家人	鼎	萃	二世
三爻再變	否	恆	既濟	損	泰	益	未濟	咸	三世
四爻再變	觀	升	革	睽	大壯	无妄	蒙	蹇	四世
五爻再變	剝	井	豐	履	夬	噬嗑	渙	謙	五世
上爻不變四爻再變	晉	大過	明夷	中孚	需	頤	訟	小過	游魂
下體三爻皆變	大有	隨	師	漸	比	蠱	同人	歸妹	歸魂

其法以八純卦爲本，各自初爻依次積變，七變而成六十四卦；是八宮卦變之說也。如乾䷀初爻變成姤䷫，姤爲乾宮一世卦；故初爻爲世。二爻再變成遯䷠，遯爲乾宮二世卦；故二爻爲世。三爻再變成否䷋，否爲乾宮三世卦；故三爻爲世。四爻再變成觀䷓，觀爲乾宮四世卦；故四爻爲世。五爻再變成剝䷖，剝爲乾宮五世卦；故五爻爲世。上爻不變，再變四爻成晉䷢；是謂遊魂。再變遊魂卦下體三爻成大有䷍，是謂歸魂。（其餘七宮卦變仿此）

世卦立，而有起月例；世爻明，乃有應爻說。是皆八宮卦變之衍用，所以占驗災異；非以明易也。世應之說，散見京氏易傳。蓋所變之爻爲世，世之對爲應。故初爻爲世，則四爻爲應；二爻爲世，則五爻爲應；三爻爲世，則上爻爲應；反之亦然。遊魂同四世，應在初；歸魂同三世，應在上。是世應之義也。若世卦起月之例，固京氏占術；前人嘗明其說矣。胡一桂周易啓蒙翼傳曰：

> 一世卦陰主五月，一陰在午也；陽主十一月，一陽在子也。二世卦陰主六月，二陰在未也；陽主十二月，二陽在丑也。三世卦陰主七月，三陰在申也；陽主正月，三陽在寅也。四世卦陰主八月，四陰在酉也；陽主二月，四陽在卯也。五世卦陰主九月，五陰在戌也；陽主三月，五陽在辰也。八純上世陰主十月，六陽在亥也；陽主四月，六陽在巳也。遊魂四世，所主與四世卦同；歸魂三世，所主與三世卦同。（外篇起月例）

八宮六十四卦，依世次陰陽，分主十二月；是爲世卦起月。干寶襲尚其說，取以注易；迥異諸家，要義具焉。故有以八宮卦說者：

益六二爻辭干氏注云：「在巽之宮，處震之象；是則倉精之帝同始祖矣。」

井卦辭干氏注云：「自震化行，至於五世；改殷紂比屋之亂俗，而不易成湯昭假之法度也。」

豐卦辭干氏注云：「豐，坎宮陰，世在五；以其宜中而憂其側也。」

益爲巽宮三世卦，故云在巽之宮。益䷩（震下巽上），六二在震位；故云處震之象。震巽皆木（見八卦六位圖），是蒼精之帝同始祖矣。井爲震宮五世卦，故云自震化行，至於五世。學長黃慶萱先生云：「五爻皆變而上爻不變，故以喻風俗有改與不改也。」（見魏晉南北朝易學考佚）此義甚諦。蓋成湯尚比而治，殷紂下流而亂。五爻皆變，是改殷紂比屋亂俗；上爻不變，是不易成湯昭假之法度也。豐爲坎宮五世卦，世在五爲陰；故云坎宮陰。周易集解纂疏云：「至五世將游魂。五上中，故以其宜中而憂其側也。」（卷七）上述三例，皆以八宮卦說者也。又

有以世卦起月例說者：

蒙卦辭干氏注云：「蒙者，離宮陰也，世在四。八月之時，降陽布德，薺麥並生；而息來在寅。故蒙於世爲八月，於消息爲正月。」

訟卦辭干氏注云：「訟，離之游魂也。離爲戈兵，此天氣將刑殺；聖人將用師之卦也。」

比卦辭干氏注云：「比者，坤之歸魂也；亦世爲七月。」

蒙爲離宮四世卦。世月之例，四世卦陰主八月。蔡邕月令章句云：「陽氣始胎于酉，故八月薺麥並生。」

（孔穎達禮記正義引）故云八月之時，降陽布德，薺麥並生也。訟爲離宮游魂卦，游魂四世陰主八月。其氣慄冽，其意肅殺；故云天氣將刑殺也。比爲坤之歸魂卦，歸魂三世陰主七月；故注云亦世爲七月。諸例並從世卦起月，以中義立說；是義由月見，非從易來也。

夫易無體，而以變爲體（故云易者易也）；所以有貴於卦變也。荀、虞諸儒，以爻之升降往來，成其卦變之說。雖不能周普一律；然本諸易卦立論，固亦大醇而小疵；無違易變之理也。八宮之說，則從爻之積變，以成其卦變之圖；故六十四卦體變成例，理秩井然；尤見易變之妙也。然推世卦陰陽，分主十二月；雖則八宮卦變之衍用，特旁涉月建，愈自遠易矣。考卦氣値月，本孟喜遺法。魏書律曆志（下）載六十卦値月之說：

十一月　未濟、蹇、頤、中孚、復。
十二月　屯、謙、睽、升、臨。
正月　小過、蒙、益、漸、泰。
二月　需、隨、晉、解、大壯。
三月　豫、訟、蠱、革、夬。
四月　旅、師、比、小畜、乾。
五月　大有、家人、井、咸、姤。
六月　鼎、豐、渙、履、遯。

七月　恆、節、同人、損、否。
八月　巽、萃、大畜、賁、觀。
九月　歸妹、无妄、明夷、困、剝。
十月　艮、既濟、噬嗑、大過、坤。

卦值六日七分，每月五卦；是六十卦值月之說也。世卦別陰陽，分主十二月，故每月四卦（游魂同四世、歸魂同三世）；是世卦值月之法也。兩說異據殊配，自成統系；所以不能契合也。蓋並術者之言，非以說易也。干氏兼眩其術，用以注易；故蒙注云：「蒙於世爲八月，於消息爲正月。」支離枘鑿，見其猥雜已。夫卦變所以推象通辭，世卦則主以用事。（蓋一在推證易辭爲自明之理，一在占說災祥進退之驗，是其異也。）本末異趨，易、占殊歸；固當分別而觀之也。干氏學尚象數，而醇駁不辨、本末不分；推象通辭之道微矣。

六、干寶易學之基本觀念（結論）

夫生生之謂易，蓋言其變也。繫辭上傳曰：「故神无方而易无體。」易變爲常，故云无體。干氏注此云：「否泰盈虛者，神也；變而周流者，易也。言神之鼓萬物無常方，易之應變化無定也。」夫易卦六畫，體變無常；周流不息，而應化無方也。故易從卦起，變由爻成；此干氏易之基本觀念也。

繫辭下傳「六爻相雜，唯其時物也」注云：

一卦六爻，則皆雜有八卦之氣。若初九爲震爻，九二爲坎爻也。或若見辰戌言艮，巳亥言兌也。或若以甲壬名乾，以乙癸名坤也。或若以午位名離，以子位名坎。或若德來爲好物，刑來爲惡物。王相爲興，休廢爲衰。

蓋易道妙衍，變由爻發；故云：「爻者，言乎變者也。」（繫辭上傳）夫六爻之動，函蓋三極。六畫之爻，皆雜八卦之氣；是以盡變化之蘊，而究萬物之情也。干氏體斯微旨，而衍其大用；故凡漢魏易例，莫不依襲取用；所以盡其變而極其用也。若爻體之例（初九爲震爻，九二爲坎爻云云是也。謂以一爻體一三畫之卦，康成之說也。）若納甲納支之例（見辰戌爲艮云云，爲納支例；以申壬名乾云云，爲納甲例。說詳見前。）或從八卦十二位說（若以午位名離，以子位名坎云云是也；說自京氏易傳。）或從德刑生克說（若德來爲好物，刑來爲惡物云云是也；說見張氏易義別錄。）或從八卦休王說（若王相爲興，休廢爲衰云云是也；說自京氏。）皆謂爻含萬象，是以廣衍義例，用極其變；是干寶之易學觀也。故注「爻有等，故曰物」（繫辭下傳）云：

等，群也。爻中之義，群物交集；五星四氣、六親九族、福德刑殺，衆刑萬類，皆來發於爻；故總謂之物也。

易晐萬物，象集六爻；群爻動變，形類斯發。故五星四氣（張惠言易義別錄云：「五星，天之經星也。四氣，亥卯未木、寅午戌火，巳酉丑金、申子辰水，土兼其中故四。」）六親九族、福德刑殺

（又云：「福即德也，殺即刑也。」）莫非爻中之物也。蓋物變無窮，故例設不盡；明乎斯理，則知干氏易說之所以猥雜也。

嘗試論之。易變無方，而生生無盡；所以含藏萬理，而兼具萬象也。然理不可見，以辭見之；象不可盡，以辭盡之。蓋理、象備於易辭，而辭義本於卦（爻）也。故辭所不言之理，則卦所不取；爻所不陳之象，則辭所不暢；是以聖人有所不言，而言有所不取也。夫盈天地者，莫非象也；而象莫非理。理、象盈萬，虛泛難指，而廣渺難陳；所可指陳者辭也。故云理以辭見，象以辭盡也。繫辭上傳云：「君子居則觀其象，而玩其辭。」理以象著，象以辭明；理象並由辭陳；故觀象玩辭焉。虞（翻）氏諸儒，契悟斯理。知乎理象同依辭見，而易辭之所陳，實卦所本有者。爰推象通辭，用驗其說；以明此卦之必有此辭，而此辭之義必蘊於此卦。蓋實研究之本也（說詳前文）。干氏襲衍象數之學，而不明通辭之理；但知易含萬物，而不悟虛由指界（案理不可見，以辭見之；象不可盡，以辭盡之；是虛由指界之說也）。是以廣從所據，極盡比附；凡干支五行，卦氣值月，世爻應情，五星四氣之等，皆謂爻中之物。宜其比經爲緯，愈自遠易矣。

附錄：

何晏及其周易解

簡博賢

一

經本樸學，貴尙徵實。是以漢儒通經，務求致用；固無取乎虛玄之妙者也。鍾泰中國哲學史曰：「兩漢以來，儒者無不兼明道家；然第以其清靜寧謐之旨，用爲養生養性之助。若夫言經世體國，一切禮教刑政之要，則仍一本之六藝。體用之間，未嘗不隱然有判也。」（第二編第十二章）崇經之儒，不尙虛玄之理；然兼明其道，實肇兩家融通之端；而導經義玄化之濫觴也。洎自桓靈以降，禍亂相尋，人懷苟且；是以儒學寖衰，玄風遂昌。林師景伊中國學術思想大綱曰：

> 魏武勃興，崇尙法術。諸葛治蜀，猶取申韓；然禍亂相尋，歷久不息；故人懷寧止之思，群求清靜之效。以黃老入世之用，不足以爲戢亂之源，於是轉而以出世之想，趨於老莊曠達之途。王充發揚自然之說，既開其先河；王弼周易老子之註，更鼓舞一時。阮籍嵇康扇其風，何晏傅嘏張其目；劉劭向秀振其緒，樂廣王衍承其餘。或以名理成家，或以玄遠取勝，雖其流不同，而宗致無殊，故正始而後，風會遂盛。（四、魏晉南北朝之玄學）

兩漢徵經宗聖之學，一壞於禍亂相尋，再壞於人懷苟且；於是正始風扇，玄學尸位；蓋亦風會所趨耳。夫儒業既壞，士不悅學；是以博士無以爲教，而弟子裹足避役。魚豢魏略云：

太和青龍（二三三—二三六魏明帝年號）中，太學生有千數；而諸博士率皆麤疎，無以教弟子。弟子亦避役，竟無能習學。

又曰：

正始（二四〇—二四八齊王芳年號）中，有詔議圜丘。普延學士。是時郎官及司徒領吏二萬餘人，而應書與議者，略無幾人。又是時朝堂公卿以下四百餘人，其能操筆者，未有十人；多皆相從飽食而退。

正始學風，見一斑已。

易自田何以降，雖有數家之傳，同本象數爲宗。然孟、京相承而異術，鄭、荀同源而殊尚。以言卦氣，厥有孟京異趨；以言爻辰，則有京鄭異據；以言卦變，其有荀虞異說。或一名而數義，或一義而數名。異家殊說，紛紜雜陳；究詰云難。是以承學之士，務逃支離樛蔓；而講說之徒，樂返沖約坦易；於是清靜之思、玄虛之致，相扇成風；而經學一變，易雜玄風矣。晉書王衍傳曰：

魏正始中，何晏、王弼等，祖述老莊立論，以爲天地萬物，皆以無爲本。無也者，開務成物，無往而不存者也。陰陽恃以化生，萬物恃以成形，賢者恃以成德，不肖恃以免身；故無之爲用，無爵而貴矣。（卷四十三）

魏晉玄談，肇始何晏、王弼。兩家之學，同本老莊立說。是以弼注老、易，麗詞溢目；晏論道德，無名實罔；並皆歸有入無，以虛玄相尚也。顧炎武日知錄云：「是以講明六經，鄭（玄）、王（肅）爲集漢之終：演說老莊，王（弼）、何（晏）爲開晉之始。」（卷十三正始）觀乎斯言，則知經義之變，厥有自來矣。

二

六籍言有，老氏宗無；有無說盛，而趨尚判然。是以儒者入世，有之以爲用；老氏全生，無之以爲利。蓋有無異疇，利用殊界。故栖栖遑遑，仲尼用以遂事；恍恍惚惚，老氏舍以成名。昔人固嘗明之矣。平叔生資懿美，善老莊，論有無；說經談玄，歸本虛無。魏代易學中衰、經義玄化，晏實有以倡之。觀所造論，可覘其端焉。述何晏周易解。

晏字平叔（？—二四九），魏南陽宛人。漢大將軍進之孫、咸之子也。太祖爲司空時，納晏母尹氏爲夫人。晏長於宮省，少以才秀知名；慧心天悟，形貌絕美，武帝雅愛之。尙魏公主，賜爵爲列侯。黃初（二二〇—二二六）時，無所事任。明帝（二二七—二三九）立，晏與鄧颺、李勝、沛國丁謐、東平畢軌，咸有聲名，進趣於時。帝以其浮華皆抑黜之。及爽秉政，乃復進敍，任爲腹心。晏以曲合曹爽，且以才能故；爽用爲散騎侍郎遷侍中尙書。十年（案是年四月改元嘉平—二四九—）張當陳爽與晏等，陰謀反逆。太傅司馬宣王遂收爽晏等，皆伏誅，夷三族。

晏性疏宕，美姿儀。明慧若神，好老莊言。嘗云：「唯深也，故能通天下之志；夏侯泰初是也。

惟幾也，故能成天下之務；司馬子元是也。惟神也，不疾而速，不行而至；吾聞其語，未見其人也。」蓋欲以神況諸己也。作道德及諸文賦，著述凡數十篇。（案晏事蹟散見三國志曹爽傳、附傳及注、世說新語等，茲據爲略傳云。）

何晏妙辭善說，然諸所述論，未詳著錄。茲考其著作如后：

㈠周易解（詳下）

㈡孝經注一卷（隋志著錄云：「梁有魏吏部尚書何晏注孝經一卷，亡。」）今佚。

㈢論語集解十卷（隋志、兩唐志、宋史藝文志並著錄十卷。考晉書鄭沖傳曰：「初沖與孫邕、曹羲、荀顗、何晏共集論語諸家訓注之善者，記其姓名，因從其義。有不安者，輒改易之，名曰論語集解。」蓋實諸家共集，而獨題何晏者，抑其總領其事歟？所集訓注，厥有包咸、周氏、馬融、鄭玄、陳群、王肅、周生烈諸家之說，見陸氏釋文敍錄。）今有存本。

㈣魏明帝諡議二卷（考隋志云：「魏晉諡議十三卷，何晏撰。」蓋誤合晉諡議八卷、晉簡文諡議四卷爲一書，兩唐志始分別著錄；見姚振宗隋志考證說。姚氏三國藝文志云：「時曹爽爲大將軍，何晏爲尚書，典選舉專政。」殆撰於是時也。）今佚。

㈤官族傳十四卷（隋志著錄十四卷。新唐志作十五卷，不著撰人。姚振宗三國藝文志云：「案隋志是書之前，有吏部用人格一卷，不著撰人。唐志似幷合此一卷，故云十五卷。」）今佚。

㈥老子講疏四卷（新唐志著錄何晏講疏四卷）今佚。

㈦老子道德論二卷（世說新語文學第四云：「何平叔注老子始成，詣王輔嗣，見王注精奇，迺神伏曰：『若斯人之可與論天人之際矣。』因以所注爲道德二論。」二論者或即二卷歟？隋志云：「梁有老子道德論二卷，何晏撰。」唐書經籍志同。新唐志作道德問二卷，高似孫子略作老子指略論二卷，蓋即一書也。姚氏有說。）今佚。

㈧集十卷（隋志著錄十一卷。云：「梁十卷錄一卷。」兩唐志並題十卷。）今存賦、奏、議論、序、頌、銘，凡十四篇；見嚴可均文編。又有景福殿賦，見昭明文選；五言詩二首，見馮惟納詩紀。

案隋志樂類著錄樂懸一卷，題云何晏等撰議。册府元龜著錄周易私記二十卷、周易講疏十二卷，並題何晏；疑皆何妥之作，見馬國翰玉函山房輯佚書敍錄、姚振宗隋志考證說。考說郛弓六十一有何晏九江志一卷，舊小說甲集有何晏九江記三則，皆未詳所據；錄以傳疑也。

何晏精善玄理，好談老、易。管輅別傳載晏「自言不解易中九事。」（見魏志管輅傳注引）是九事而外，必爲所解矣。然史志不載晏有解易之作，後世遂不知晏有易解矣。馬國翰據孔穎達正義、李鼎祚周易集解、房審權周易義海（宋李衡刪其繁爲周易義海撮要十二卷，房書已佚，可見者唯撮要耳）所引何晏之說，依輯成帙，共得佚文四條，題云周易何氏解。茲錄其佚文於后：

需，有孚，光亨貞吉，利涉大川。

何晏解云：「大川，大難也。能以信而待，故可移涉。」（李衡周易義海撮要引。馬氏云：「

李氏集解引何妥曰：『大川者，大難也。須之待時，本欲涉難，既能以信而待；故可以利涉大川矣。』作何妥。義海引作何晏文。大誼同而字句詳略小異。妥或述晏之語耶？抑妥晏文似而涉誤耶？姑依義海錄之。」）

師，貞丈人吉，无咎。

何晏解云：「師者，軍旅之名；故周禮云二千五百人爲師。」（李鼎祚周易集解引）

比。象曰：「地上有水，比。」

何晏解云：「水性潤下；今在地上，更相侵潤；比之義也。」（李鼎祚周易集解引）

益。象曰：「風雷益。」

何晏解云：「六子之中，並有益物；獨取風雷者，取其最長可久之物也。」（孔穎達周易正義引）

佚文之可見者，僅此四節而已。大抵徵經立說、依用常訓；固未嘗有玄趣也。故馬國翰輯本序云：「亦卑之無甚高論。」（玉函山房輯佚書）蓋佚文殘缺，大義難徵；未可執偏以概全也。

三

夫漢易之變，厥自王弼者；晏實爲之倡也。管輅別傳載輅評何晏云：

> 以攻難之才，游形之表，未入於神。夫入神者，當步天元，推陰陽、探玄虛、極幽明，然後覽道無窮，未暇細言。若欲差次老莊而參爻象，愛微辯而興浮藻，可謂射侯之巧；非能破秋毫之

妙也。（魏志管輅傳注引）

觀輅所評，則晏之說易，趣尚可覘焉。不能推陰陽以極幽明一也；以老莊之言，共爻象爲說二也。夫不推陰陽者，是退斥象數；而漢易爲變。差次老莊而參爻象者，是老易同流，而經義玄化矣。晏嘗論有無之言，剖析極隱，世競效說；蓋實其學之所本也。

何晏道論曰：

有之爲有，恃無以生；事而爲事，由無以成。夫道之而無語，名之而無名，視之而無形，聽之而無聲，則道之全焉。故能昭音響而出氣物，包形神而彰光影。玄以之黑，素以之白，矩以之方，規以之圓。圓方得形而此無形，白黑得名而此無名也。（列子卷一天瑞篇注引）

又無名論曰：

夫道者，惟無所有者也。自天地以來，皆有所有矣；然猶謂之道者，以其能復用無所有也。（中略）自然者，道也；道本無名，故老氏曰：「強爲之名。」仲尼稱堯「蕩蕩無能名焉」，下云「巍巍成功」；則強爲之名，取世所知而稱耳。豈有名而更當云無能名焉者耶？夫惟無名，故可得以天下之名名之；然豈其名也哉？（列子卷四仲尼篇注引）

天地萬物，以無爲本；此老氏說也。老子曰：「天地萬物生於有，有生於無。」又曰：「道生一，一生二，二生三，三生萬物。」道以無爲體，體道無名；故寂兮寥兮，不知其名。無以虛爲用，用無虛淵，故沖而不盈；爲萬物宗。何晏述老，宗無爲本；故造道論以闡有恃無生，又述無名之論，以明道虛無名。蓋以道爲無，以無爲本；實何晏論學之本也。晉書王衍傳云：「魏正始中，何晏、王弼等，祖述老莊立論；以爲天地萬物，皆以無爲本。無也者，開務成物，無往而不存者也。陰陽恃以化生，萬物恃以成形；故無之爲用，無爵而貴矣。」可謂要言不繁，深得晏學宗旨也。

晏以老氏爲宗，體無入有；一以貫之。故論無名，並擧孔老之言（引老氏曰：「強爲之名。」又引仲尼稱堯「蕩蕩乎無能名焉」是也）；雖擬於不倫，見其以老入儒矣。所謂「欲差次老莊而參爻象」者，是必以老之無，說易之有矣。輅嘗復評之云：「故說老莊，則巧而多華；說易生義，則美而多僞。華則道浮，僞則神虛。」（管輅別傳，見魏志管輅傳注引）以老氏體無入易，背爻象而任心胸（輅語）；宜其不解易中九事矣。世說新語規箴十一注引管輅別傳曰：

（冀州刺史謂輅曰）：「何尚書神明清徹，殆破秋毫，君當愼之！自言不解易中九事，必當相問。此至洛，宜精善其理也。」輅曰：「若九事皆王義者，不足勞思也；若陰陽者，精之久矣。」輅至洛，果爲何尚書所請，共論易九事，九事皆明。何曰：「君論陰陽，此世無雙也。」（茲據楊勇世說新語校箋本引）

輅推陰陽之義，以明易中九事；晏讚其此也無雙。是晏所不解者，象數陰陽之說也。南齊書載張緒語云：「何平叔不解易中七事，諸卦中所有時義是其一也。」（張緒傳）夫易尚時中，故彖傳言時者二十四卦，象傳言時者六卦。有所謂時者、待時者、時行者、時成者、時變者、時用者，時義、時發、時舍、時極者（請參閱惠棟易漢學卷七易尚時中說）。豐彖傳云：「天地盈虛，與時消息。」時之義大矣哉！

焦循易通釋時篇曰：

循按雜卦傳云：「大畜、時也。」說者多不詳。以全經傳通之，乃可知其義。經文惟歸妹九四稱「遲歸有時」，傳中諸言時字，皆由此贊之。歸妹所以遲者，以征凶也。征凶者，漸上之歸妹三也。漸成蹇，歸妹成大壯；大壯改而通觀，蹇改而通睽。所謂時也。……經舉一隅，傳已不憚徧擧諸隅；而於繫辭傳總揭其義，云：「變通配四時。」云：「變通莫大乎四時。」云：「變通者，趣時者也。」時之爲變通，不煩言而決矣。（皇清經解卷一千九十六）

旁通之卦，初與四、二與五、三與上，兩兩互易。厥陽遇陰則通；通故交易。陽遇陽、陰遇陰則窮；窮故變，變則化矣；所謂窮通變化是也（案焦循以虞氏旁通行荀氏升降，爲自來說易者所莫及。俞樾辨正其疏，以明窮通之說；易變妙賾，抉無遺蘊矣。見俞氏易窮通變化論）。漸䷴與歸妹䷵旁通，漸上之歸妹三，陰遇陽故通，通故交易；是以漸變成蹇䷦，歸妹成大壯䷡也。大壯與觀䷓旁通，蹇與睽䷥旁通；故云「大壯改而通觀，蹇改而通睽」，斯之謂時也。夫變通趣時，固象數推易之所尚。何晏背爻象而任心胸，以老之無說易之有；宜所不解也。

梁書載伏曼容語曰：「何晏疑易中九事，以吾觀之，晏了不學也。」（儒林傳）

王應麟困學紀聞曰：「愚謂晏以老莊談易，係小子觀朶，所不解者，豈止七（案當從魏志作九）事哉。」（卷一）

夫晏之學，宗無爲本；故辭妙理浮，多所不解。觀其論語注云：「道不可體，故志之而已。」（「志於道」何晏集解）又云：「一日空猶虛中也。」（「回也其庶乎屢空」集解）妙暢玄理，虛浮無實；經義玄化，其來有自矣。魏志載晏上齊王芳奏曰：「善爲國者，必先治其身。治其身者，愼其所習。所習正，則其身正；身正則不令而行。所不正，則其身不正；其身不正，則雖令不從。是故爲人君者，所與遊必擇正人，所觀覽，必正察正象。放鄭聲而不聽，遠佞人而不近；然後邪心不生，而正道可弘也。」（三少帝紀齊王芳）觀此所奏，藹然儒者之風（蔣超伯南漘楛語卷六語。錢大昕何晏論，亦許其有大臣之風，見潛研堂文集）；而卒歸趣於老氏者，蓋禍亂相尋，人懷寧止；故思以出世之思，爲入世之用；所以援老入儒歟。

參考書(論文)目擧要

一

古今圖書集成、經籍典	清、陳夢雷編	鼎文書局
漢魏二十一家易注	清、孫堂輯	映雪草堂刊本
玉函山房輯佚書、經部易類	清、馬國翰輯	文海出版社
黃氏逸書考、經部易類	清、黃奭輯	藝文印書館
清儒易經彙解	清、抉經心室主人編	鼎文書局
周易正義	唐、孔穎達撰	藝文印書館
周易集解	唐、李鼎祚撰	學津討源本
子夏易傳	唐、張弧撰	通志堂經解本
易程傳	宋、程頤撰	古逸叢書本

漢上易傳　宋、朱震撰　通志堂經解本
漢上易叢說　宋、朱震撰　通志堂經解本
易璇璣　宋、吳沆撰　通志堂經解本
周易窺餘　宋、鄭剛中撰　四庫全書本
周易本義　宋、朱熹撰　粹芬閣五經讀本
易圖說　宋、吳仁傑撰　通志堂經解本
周易義海撮要　宋、李衡編　通志堂經解本
古周易　宋、呂祖謙撰　通志堂經解本
周易輯聞、易雅、筮宗　宋、趙汝楳撰　通志堂經解本
周易傳義附錄　宋、董楷撰　通志堂經解本
周易集說　宋、俞琰撰　通志堂經解本
周易本義附錄纂註　元、胡一桂撰　通志堂經解本
大易象數鈎深圖　元、張理撰　通志堂經解本
易象圖說　元、張理撰　通志堂經解本
周易象旨決錄　明、熊過撰　四庫全書本
合訂刪補大易集義粹言　清、納蘭成德撰　通志堂經解本

易學象數論　清、黃宗羲撰　廣文書局
船山易學六種　清、王夫之撰　廣文書局
周易述　清、惠棟撰　皇清經解本
易漢學　清、惠棟撰　皇清經解續編本
易例　清、惠棟撰　皇清經解續編本
易章句　清、焦循撰　皇清經解本
易通釋　清、焦循撰　皇清經解本
易圖略　清、焦循撰　皇清經解本
周易傳注　清、李塨撰　廣文書局
易圖明辨　清、胡渭撰　皇清經解續編本
周易虞氏義　清、張惠言撰　皇清經解本
周易虞氏消息　清、張惠言撰　皇清經解本
虞氏易禮　清、張惠言撰　皇清經解本
周易鄭氏義　清、張惠言撰　皇清經解本
周易荀氏九家義　清、張惠言撰　皇清經解本
易義別錄　清、張惠言撰　皇清經解本

易圖條辨　清、張惠言撰　皇清經解續編本
虞氏易事　清、張惠言撰　皇清經解續編本
虞氏易候　清、張惠言撰　皇清經解續編本
虞氏易言　清、張惠言撰　皇清經解續編本
周易述補　清、江藩撰　皇清經解本
周易述補　清、李林松撰　皇清經解續編本
讀易漢學私記　清、陳壽熊撰　皇清經解續編本
周易姚氏學　清、姚配中撰　皇清經解續編本
周易虞氏略例　清、李銳撰　皇清經解續編本
卦本圖考　清、胡秉虔撰　皇清經解續編本
虞氏易消息圖說　清、胡祥麟撰　皇清經解續編本
周易考異　清、宋翔鳳撰　廣文書局
易經異文釋　清、李富孫撰　皇清經解續編本
李氏易解賸義　清、李富孫撰　叢書集成初編本
孫氏周易集解　清、孫星衍撰　廣文書局
周易集解纂疏　清、李道平撰　廣文書局

周易互體微　清、俞樾撰　皇清經解續編本

易窮通變化論　清、俞樾撰　春在堂全書本

周易釋爻例　清、成蓉鏡撰　皇清經解續編本

卦氣解　清、莊存與撰　皇清經解續編本

虞氏易義補注　清、紀磊撰　吳興叢書本

周易虞氏學　民國、徐昂撰　徐氏全書本

周易古義　民國、楊樹達撰　河洛圖書出版社

學易筆談五種　民國、杭辛齋撰　廣文書局

先秦漢魏易例述評　民國、屈師翼鵬撰　學生書局

漢石經周易殘字集證　民國、屈師翼鵬撰　中央研究院歷史語言研究所影印本

周易古義補　民國、屈師翼鵬撰　孔孟學報第十九期

易經要略　民國、林師景伊撰　孔孟學報第二十五期

易象探原　民國、高師仲華撰　高明文輯

周易哲學思想　民國、吳康撰　孔孟學報第九期

易學新論　民國、嚴靈峰撰　正中書局

周易成卦及春秋筮法　民國、程石泉撰　孔孟學報第二十九期

魏晉南北朝易學考佚　民國、黃慶萱撰　幼獅文化事業公司
兩漢十六家易注闡微　民國、徐芹庭撰　五洲出版社
易數淺說　民國、黎凱旋撰　成文出版社
兩漢易學史　民國、高懷民撰　中國學術著作獎助委員會

二

容齋隨筆　宋、洪邁撰　台灣商務印書館
困學紀聞　宋、王應麟撰　世界書局
日知錄　清、顧炎武撰　皇清經解本
經義考　清、朱彝尊撰　台灣中華書局
羣經補義　清、江永撰　皇清經解本
經學卮言　清、孔廣森撰　皇清經解本
九經古義　清、惠棟撰　皇清經解本
經義知新錄　清、汪中撰　皇清經解本
述學　清、汪中撰　皇清經解本
經義述聞　清、王引之撰　皇清經解本

經史問答　清、全祖望撰　皇清經解本
十駕齋養新錄　清、錢大昕撰　皇清經解本
潛研堂文集　清、錢大昕撰　皇清經解本
東原集　清、戴震撰　皇清經解本
揅經室集　清、阮元撰　皇清經解本
寶甓齋札記　清、趙坦撰　皇清經解本
過庭錄　清、宋翔鳳撰　皇清經解續編本
東塾讀書記　清、陳澧撰　皇清經解續編本
羣經平議　清、俞樾撰　皇清經解續編本
目耕帖　清、馬國翰撰　世界書局
經學源流考　民國、甘鵬雲撰　廣文書局
經學通論　民國、皮錫瑞撰　台灣商務印書館
經學歷史　民國、皮錫瑞撰　河洛圖書出版社
中國經學史　民國、馬宗霍撰　台灣商務印書館
經學通志　民國、錢基博撰　文星書局
讀經示要　民國、熊十力撰　洪氏出版社

書傭論學集　民國、屈師翼鵬撰　台灣開明書局
兩漢經學與孔子　民國、熊師翰叔撰　孔孟學報第十三期
今存南北朝經學遺籍考　民國、簡博賢撰　黎明文化事業公司
今存唐代經學遺籍考　民國、簡博賢撰　師大國文研究所碩士論文

三

史記（三家注）　藝文印書館
漢書補注　清、王先謙補注　藝文印書館
後漢書集解　清、王先謙撰　藝文印書館
三國志集解　民國、盧弼撰　藝文印書館
晉書斠注　民國、吳士鑑、劉承幹撰　藝文印書館
兩漢三國學案　清、唐晏撰　世界書局
宋元學案　清、黃宗羲撰　世界書局
清儒學案　民國、徐世昌撰　世界書局
玉海藝文類　宋、王應麟撰　華文書局
郡齋讀書志　宋、晁公武撰　廣文書局

直齋書錄解題　宋、陳振孫撰　廣文書局
四庫全書總目　清、紀昀撰　藝文印書館
後漢書藝文志　清、姚振宗撰　二十五史補編本
補三國藝文志　清、侯康撰　二十五史補編本
三國藝文志　清、姚振宗撰　二十五史補編本
隋書經籍志考證　清、姚振宗撰　二十五史補編本
續修四庫全書提要　民國、王雲五主編　台灣商務印書館